Papst Franziskus

Du bist wundervoll

Papst Franziskus

Du bist wundervoll

Vom Mut, seine Träume zu leben

Aus dem Italienischen übersetzt
von Gabriele Stein

HERDER

FREIBURG · BASEL · WIEN

Die Bibelverse wurden, soweit nicht anders angegeben,
folgender Ausgabe entnommen:

*Die Bibel. Die Heilige Schrift
des Alten und des Neuen Bundes.*
Vollständige deutsche Ausgabe
© Verlag Herder, Freiburg im Breisgau 2005

Einige Bibelverse wurden vom Autor frei übersetzt.

Satz: inpunkt[w]o, Haiger
Herstellung: GGP Media GmbH, Pößneck

Printed in Germany

ISBN Print 978-3-451-39969-5
ISBN E-Book (EPUB) 978-3-451-83996-2
ISBN E-Book (PDF) 978-3-451-83995-5

Inhalt

Einleitung:
Du bist ein Wunder

»Denn ein Kind ist uns geboren, ein Sohn ist uns geschenkt.«
(Jes 9,5)

Ein Sohn ist uns geschenkt. Oft hört man sagen, die größte Freude im Leben sei die Geburt eines Kindes. Sie ist etwas Außergewöhnliches, etwas, das alles verändert, das ungeahnte Energien freisetzt und uns Erschöpfung, Strapazen und durchwachte Nächte ertragen lässt, weil das damit verbundene Glück so groß ist, dass im Vergleich dazu nichts anderes wichtig erscheint.

Die Neuigkeit der Geburt Jesu lässt uns Jahr für Jahr innerlich neu geboren werden und in ihm die Kraft finden, uns jeder Prüfung zu stellen. Ja, denn er wird für uns geboren: für mich, für dich, für uns alle, für jeden.

Für ist das Wort, das in dieser Heiligen Nacht immer wiederkehrt: »Ein Kind ist *[für]* uns geboren«, hat Jesaja prophezeit; »Heute ist *[für]* uns der Heiland geboren«, heißt es im Kehrvers zum Psalm; Jesus »hat sich selbst *für uns* hingegeben« (Ti 2,14), hat der heilige Paulus erklärt; und im Evangelium hat der Engel verkündet: »Heute ist *[für]* euch in der Stadt Davids der Retter geboren« (Lk 2,11). Für mich, für euch.

Doch was bedeutet dieses *für uns*? Dass der Sohn Gottes, der von Natur aus Gesegnete, kommt, um uns zu Söhnen und Töchtern zu machen, die aus Gnade gesegnet sind. Ja, Gott kommt als Sohn in die Welt, um uns zu Söhnen und Töchtern Gottes zu machen. Was für ein großartiges Geschenk! Heute überrascht uns Gott und sagt zu jedem von uns: »Du bist ein Wunder.«

Schwester, Bruder, verlier nicht den Mut. Neigst du dazu, dich fehl am Platz zu fühlen? Gott sagt zu dir: »Nein, du bist *mein* Kind!« Meinst du, es nicht zu schaffen, fürchtest du, nicht zu genügen, hast du Angst, dass du nie wieder aus dem Tunnel der Prüfung herauskommst? Gott sagt zu dir: »Nur Mut, ich bin bei dir.« Er sagt es dir nicht mit Worten, sondern indem er Kind wird wie du und für dich, um dich an den Ausgangspunkt jeder Neugeburt zu erinnern: die Erkenntnis, dass du ein Sohn oder eine Tochter Gottes bist. Das ist das unzerstörbare Herz unserer Hoffnung, der glühende Kern, der unser Dasein aufrechterhält: Jenseits unserer guten und weniger guten Eigenschaften, stärker als die Wunden und Fehlschläge der Vergangenheit, als die Ängste und Sorgen angesichts der Zukunft, liegt diese Wahrheit: Wir sind geliebte Kinder. Und Gottes Liebe zu uns hängt nicht von uns ab und wird auch niemals von uns abhängen: Sie ist *unentgeltliche Liebe*. Diese Nacht findet nur in der Gnade eine Erklärung. Nur in der Gnade. Alles ist Gnade. Das Geschenk ist unentgeltlich, keiner von uns hat es verdient, es ist reine Gnade. Denn in dieser Nacht, hat uns der heilige Paulus gesagt, ist »die Gnade Gottes [...] erschienen« (Ti 2,11). Es gibt nichts Kostbareres.

Ein Sohn ist uns geschenkt. Der Vater hat uns nicht *irgendetwas* geschenkt, sondern seinen eigenen, eingeborenen Sohn, der seine ganze Freude ist. Doch wenn wir die Undankbarkeit des Menschen gegenüber Gott und die Ungerechtigkeit gegenüber vielen unserer Brüder und Schwestern sehen, kommen uns Zweifel: Hat der Herr gut daran getan, uns so viel zu schenken, tut er gut daran, uns noch immer zu vertrauen? Überschätzt er uns nicht? Doch, er überschätzt uns. Er überschätzt uns, weil er uns bis zum Äußersten liebt. Er ist nicht imstande, uns nicht zu lieben. So ist er eben, ganz anders als wir. Er liebt uns immer, er liebt uns mehr, als wir selbst uns lieben können. Das ist sein Geheimnis, um in unser Herz zu gelangen. Gott weiß, dass er uns nur auf eine Weise retten, uns innerlich heilen kann: indem er uns liebt. Einen anderen Weg gibt es nicht. Er weiß, dass wir nur besser werden, wenn wir seine *unermüdliche Liebe* annehmen, die sich nicht ändert, die aber uns verändert. Nur die Liebe Jesu verwandelt das Leben, heilt die tiefsten Wunden, befreit uns aus den Teufelskreisen der Unzufriedenheit, der Wut und des Lamentierens.

Ein Sohn ist uns geschenkt. Der Sohn Gottes liegt in einer armseligen Krippe, in einem dunklen Stall. Das wirft eine weitere Frage auf: Warum ist er nachts zur Welt gekommen, ohne angemessene Unterkunft, in Armut und Verachtung, obwohl er, der größte aller Könige, es doch verdient hätte, im schönsten aller Paläste geboren zu werden? Warum? Weil er uns begreiflich machen wollte, wie sehr er unser Menschsein liebt: so sehr, dass er mit seiner *konkreten Liebe* unser schlimmstes Elend berührt. Der Sohn Gottes wurde ins Abseits hineingeboren, um uns zu sagen, dass jeder ins Abseits gestellte Mensch Gottes Kind ist. Er ist in die Welt gekommen, wie ein kleines Kind zur Welt kommt: schwach und zer-

brechlich, damit wir unsere eigenen Schwächen zärtlich annehmen können. Und damit wir etwas Wichtiges entdecken:
Gott will, genau wie in Betlehem, auch bei uns, durch unsere
Armut große Dinge geschehen lassen. Er hat unser ganzes
Heil in eine Krippe im Stall gelegt, und er hat keine Angst
vor unserem Elend. Lassen wir zu, dass seine Barmherzigkeit
unsere Armut verwandelt!

Das bedeutet es, dass *für uns* ein Kind geboren ist. Doch
es gibt noch ein anderes *für*, der Engel sagt es zu den Hirten:
»Dies soll *[für]* euch das Zeichen sein: Ihr werdet ein Kind
finden, in Windeln gewickelt und in einer Krippe liegend«
(Lk 2,12). Dieses Zeichen, das Kind in der Krippe, ist ebenfalls für uns bestimmt: Es soll uns im Leben die Richtung
weisen. Gott liegt in Betlehem – der Name bedeutet »Haus
des Brotes« – in einer Krippe, als wolle er uns daran erinnern, dass wir ihn ebenso sehr zum Leben brauchen wie das
Brot, das wir essen. Wir brauchen es, uns von seiner *unent-
geltlichen*, *unermüdlichen*, *konkreten* Liebe durchdringen zu
lassen. Doch wie oft speisen wir, weil wir nach Unterhaltung, Erfolg und Weltlichkeit hungern, das Leben mit Dingen ab, die nicht sättigen und eine innere Leere hinterlassen!
Während Ochs und Esel ihre Krippe kennen, so klagt der
Herr durch den Mund des Propheten Jesaja, kennen wir,
sein Volk, ihn nicht: ihn, der der Quell unseres Lebens ist
(vgl. Jes 1,2–3). Das ist wahr: In unserer unersättlichen Hab-
gier stürzen wir uns auf zahllose *Krippen der Eitelkeit* und
vergessen darüber die Krippe von Betlehem. Jene Krippe,
die arm ist an allem und reich an Liebe, lehrt uns, dass die
Speise des Lebens darin besteht, uns von Gott lieben zu lassen und unsere Mitmenschen zu lieben. Jesus macht es uns

vor: Er, das Wort Gottes, ist ein Säugling; er kann noch nicht sprechen, aber er schenkt sein Leben hin. Wir dagegen sprechen viel und sind doch nicht selten *Analphabeten der Güte*.

Ein Sohn ist uns geschenkt. Wer ein kleines Kind hat, weiß, wie viel Liebe und wie viel Geduld dazu nötig sind. Man muss es füttern, versorgen, waschen, sich seiner Zerbrechlichkeit und seiner Bedürfnisse annehmen, die oft schwierig zu verstehen sind. Ein Kind gibt uns das Gefühl, geliebt zu werden, aber es lehrt uns auch, zu lieben. Gott ist als Kind zur Welt gekommen, weil er uns dazu bringen wollte, uns umeinander zu kümmern. Sein zartes Weinen lässt uns begreifen, wie sinnlos unsere Launen oft sind – und wir haben deren viele! Seine wehrlose und entwaffnende Liebe erinnert uns daran, dass wir die Zeit, die uns zur Verfügung steht, nicht bekommen haben, um in Selbstmitleid zu baden, sondern um die Tränen der Leidenden zu trocknen. Gott nimmt unter uns Wohnung, arm und bedürftig, weil er uns sagen will, dass wir ihn lieben, indem wir den Armen dienen. Seit jener Nacht gilt, was Emily Dickinson in einem ihrer Gedichte geschrieben hat: »Gott residiert gleich nebenan, / Sein Mobiliar ist Liebe«.[1]

15 Regeln
für ein gutes Leben

1

Denk nach, dort, wo Gott dich ausgesät hat, hoffe! Hoffe immer!

2

Jesus hat uns *ein Licht* gegeben, *das in der Finsternis leuchtet: Verteidige es, beschütze es!* Dieses eine Licht ist der größte Reichtum, der deinem Leben anvertraut ist.

3

Ergib dich nicht der Nacht! Denke daran, dass der erste Feind, der besiegt werden muss, nicht draußen, sondern in deinem Innern ist! Deshalb darfst du den bitteren, finsteren Gedanken keinen Raum geben. Diese Welt ist das erste Wunder, das Gott vollbracht hat, und er hat uns die Gnade zu neuen Wundern in die Hände gelegt. Glaube und Hoffnung schreiten gemeinsam voran.

4

Halte Ideale hoch! Lebe für etwas, das über den Menschen hinausgeht! Und wenn diese Ideale dir irgendwann eine gepfefferte Rechnung präsentieren, trage sie dennoch weiter in deinem Herzen! Treue gewinnt alles.

5

Glaube an die Existenz der höchsten und schönsten Wahrheiten! Vertraue auf Gott, deinen Schöpfer, auf den Heiligen Geist, der alles zum Guten hinbewegt, an die Umarmung Christi, die jeden Menschen am Ende seines Daseins erwartet! Glaube! Er wartet auf dich. Die Welt ist auf dem Weg dank der Weitsicht vieler Menschen, die Breschen geschlagen, Brücken gebaut, die geträumt und geglaubt haben; auch wenn ihr Umfeld sie verspottet hat.

6

Denk niemals, dass der Kampf, den du hier unten kämpfst, sinnlos wäre! Am Ende unseres Daseins wartet kein Schiffbruch: In uns pulsiert ein Same des Absoluten. Gott betrügt nicht. Wenn er uns eine Hoffnung ins Herz gelegt hat, dann nicht, um sie durch ständige Enttäuschungen auszumerzen. Alles entsteht, um in einem ewigen Frühling zu blühen. Auch wir. Gott hat uns geschaffen, damit wir blühen. Mir kommt ein Gespräch in den Sinn, in dem die Eiche zum Mandelbaum sagte: »Erzähle mir von Gott!« Und der Mandelbaum erblühte.

7

Wo immer du bist, bau auf! Wenn du gefallen bist, steh auf! Bleib nie am Boden, steh auf, lass dir aufhelfen! Wenn du sitzt, mach dich auf den Weg! Wenn die Langeweile dich lähmt, dann verscheuche sie, indem du Gutes tust! Wenn du dich leer fühlst oder demoralisiert, dann bitte den Heiligen Geist, dass er dein Nichts wieder neu auffüllt!

8

Stifte Frieden unter den Menschen! Und hör nicht auf die, die Hass und Spaltung verbreiten! Hör nicht auf ihre Stimmen! Die Menschen sind, so unterschiedlich sie auch sein mögen, für das Zusammenleben geschaffen. Sei geduldig, wenn ihr verschiedener Meinung seid: Eines Tages wirst du entdecken, dass jeder ein Bruchstück der Wahrheit verwahrt.

9

Liebe die Menschen! Liebe sie jeden für sich! Respektiere den Weg eines jeden Einzelnen, so geradlinig oder gewunden er auch sein mag, weil jeder seine eigene Geschichte zu erzählen hat. Jeder von uns hat eine einmalige und unersetzliche Geschichte. Jedes Kind, das geboren wird, ist die Verheißung eines Lebens, das einmal mehr beweist, dass es stärker ist als der Tod. Jede Liebe, die aufkeimt, ist eine Kraft der Veränderung, die zum Glück hinstrebt.

10

Und vor allem: träume! Hab keine Angst zu träumen! Träume! Träume von einer Welt, die noch nicht sichtbar ist, aber ganz sicher kommen wird! Die Kraft unserer Hoffnung ist der Glaube an eine Schöpfung, die sich bis zu ihrer endgültigen Erfüllung erstreckt, wenn Gott alles in allem sein wird. Menschen mit Vorstellungskraft haben der Menschheit wissenschaftliche und technologische Entdeckungen geschenkt. Sie haben die Meere überquert, sie haben Länder betreten, auf die noch nie ein Mensch seinen Fuß gesetzt hatte. Auch die Männer und Frauen, die die Sklaverei besiegt und allen bessere Lebensbedingungen gebracht haben, waren Menschen, die Hoffnung hatten. Denk an diese Männer und diese Frauen!

11

Übernimm Verantwortung für diese Welt und für das Leben jedes Menschen! Mach dir bewusst, dass jede Ungerechtigkeit gegenüber einem Armen eine offene Wunde ist und deine eigene Würde mindert! Das Leben endet nicht mit deinem Dasein: Nach unserer Generation werden andere in diese Welt kommen und viele andere nach ihnen. Bitte Gott jeden Tag um die Gabe des Mutes. Denke daran, dass Jesus für uns die Furcht besiegt hat! Er hat die Furcht besiegt! Unsere heimtückischste Feindin vermag nichts gegen den Glauben.

12

Und wenn dir irgendeine Schwierigkeit im Leben Angst macht, dann *denke daran, dass du nicht nur für dich selbst lebst!* Bei der Taufe ist dein Leben in das Geheimnis der Dreifaltigkeit eingetaucht worden, und du gehörst Jesus. Und wenn dich eines Tages die Angst packt oder du meinst, dass das Böse zu groß ist, als dass man es herausfordern könnte, denk einfach daran, dass Jesus in dir lebt! Und dass er mit seiner Sanftmut durch dich alle Feinde des Menschen bezwingen will: die Sünde, den Hass, das Verbrechen, die Gewalt.

13

Hab immer den Mut zur Wahrheit! Aber vergiss nicht: Du bist niemandem überlegen! Vergiss das nicht: Du bist niemandem überlegen! Selbst wenn du der Letzte wärst, der noch an die

Wahrheit glaubt: Meide die Gesellschaft der Menschen nicht! Auch wenn du das stille Leben eines Einsiedlers führst: Trage das Leid aller Geschöpfe im Herzen! Du bist Christ und legst im Gebet alles zurück in Gottes Hand.

14

Wenn du dich geirrt hast, steh wieder auf! Nichts ist menschlicher, als Fehler zu machen. Doch diese Fehler dürfen für dich kein Gefängnis werden. Lass dich nicht in deinen Fehlern einsperren! Der Sohn Gottes ist nicht um der Gesunden, sondern um der Kranken willen gekommen: also auch für dich. Und wenn du in Zukunft wieder Fehler machst, dann hab keine Angst, steh wieder auf! Weißt du, warum? Weil Gott dein Freund ist.

15

Wenn du bitter wirst, dann *glaube fest an alle Menschen, die noch immer für das Gute arbeiten!* In ihrer Demut liegt der Same einer neuen Welt. Suche die Gesellschaft von Menschen, die sich ein kindliches Herz bewahrt haben! Lerne vom Wunder, pflege das Staunen!

Lebe, liebe, träume, glaube! Und, mit Gottes Gnade: Verzweifle niemals!

I.

Wir alle sind kostbar

Du bist wichtig

Für Gott bist du wirklich kostbar, du bist nicht unwichtig. Du bist wichtig für ihn, weil du das Werk seiner Hände bist. Deshalb schenkt er dir seine Aufmerksamkeit und denkt voller Liebe an dich. Du musst darauf vertrauen, dass Gott an dich denkt: Sein Gedächtnis ist keine »Festplatte«, auf der alle unsere Daten gespeichert und archiviert werden, sein Gedächtnis ist ein weiches, mitfühlendes Herz, das Freude daran hat, jede Spur, die das Böse in uns hinterlassen hat, endgültig zu löschen. Er will nicht über deine Irrtümer Buch führen, und er wird dir auf jeden Fall helfen, auch aus deinen Fehltritten etwas zu lernen. Weil er dich liebt.

Diese Liebe drängt sich nicht auf und ist nicht erdrückend, sie grenzt nicht aus, bringt nicht zum Schweigen und schweigt auch selbst nicht, sie ist nicht demütigend und sie unterjocht nicht. Es ist die Liebe des Herrn, eine alltägliche, diskrete und respektvolle Liebe, eine freiheitliche Liebe und eine Liebe zur Freiheit, eine Liebe, die heilt und aufrichtet. Es ist die Liebe des Herrn, die mehr über unser Wiederaufstehen weiß als über unser Fallen, mehr über das Versöhnen als über das Verbieten, mehr darüber, neue Chancen zu geben, als über das Verurteilen, mehr über die Zukunft als über die Vergangenheit.

Niemand wird von der Freude ausgeschlossen

Die große Gefahr der heutigen Welt mit ihrem vielfältigen und erdrückenden Konsumangebot ist eine individualistische Traurigkeit, die von einem bequemen und habgierigen Herzen herrührt, von der kranken Suche nach oberflächlichen Vergnügungen, von einem isolierten Gewissen. Wenn das innere Leben nur noch um die eigenen Interessen kreist, ist darin kein Platz mehr für die anderen, werden die Armen nicht mehr hereingelassen, hören wir nicht mehr auf Gottes Stimme, freuen uns nicht mehr an der süßen Freude seiner Liebe und pulsiert in uns nicht mehr die Begeisterung, das Gute zu tun. Auch für die Gläubigen besteht diese unleugbare und permanente Gefahr. Viele erliegen ihr und werden zu nachtragenden, unzufriedenen Menschen, die kein Leben haben. Das ist keine Entscheidung für ein würdiges und erfülltes Leben, das ist nicht das, was Gott sich für uns wünscht, das ist nicht das Leben im Geist, das aus dem Herzen des auferstandenen Christus entspringt.

Ich lade jeden Christen an welchem Ort und in welcher Situation auch immer dazu ein, noch heute seine persönliche Begegnung mit Jesus Christus zu erneuern oder wenigstens den Entschluss zu fassen, sich von ihm finden zu lassen und ihn Tag für Tag und ohne Unterlass zu suchen. Es gibt keinen Grund für irgendjemanden, zu denken, diese Einladung wäre nicht auch an ihn gerichtet, denn niemand ist von der Freude ausgeschlossen, die der Herr uns bringt.

Eine große Wette

Wenn ein Jugendlicher zu mir sagt: »Was sind das für schlimme Zeiten, *Padre*, da kann man nichts machen!«, dann würde ich ihn zum Psychiater schicken! Denn das ist unbegreiflich. Es ist unbegreiflich, wenn ein junger Mensch, ein junger Mann, eine junge Frau, keine Lust hat, etwas Großes zu vollbringen, auf große Ideale zu wetten, groß für die Zukunft. Danach tun sie, was sie können, aber zuerst müssen sie darauf wetten: dass sie große und schöne Dinge tun werden. Ihr seid die Baumeister der Zukunft. Warum? Weil ihr in eurem Innern auf drei Dinge Lust habt.

Erstens: die *Lust auf Schönheit*. Wenn ihr Musik macht, Theater spielt oder malt – Dinge, die mit der Schönheit zu tun haben –, dann sucht ihr etwas, das euch gefällt: die Schönheit. Ihr seid Schönheitssuchende.

Zweitens: die *Lust auf Güte*. Ihr seid Propheten des Guten. Euch gefällt die Güte, es gefällt euch, gut zu sein. Und diese Güte ist ansteckend, sie hilft allen anderen.

Und außerdem habt ihr – drittens – einen *Durst nach Wahrheit*, ihr sucht die Wahrheit. »Aber *Padre*, ich besitze die Wahrheit!« Da irrst du dich, denn die Wahrheit kann man nicht besitzen, wir tragen sie nicht in uns. Die Wahrheit ist Gott und man kann ihr nur begegnen. Doch um ihr zu begegnen, muss man nach ihr suchen.

Diese drei Dinge, nach denen ihr euch in eurem Herzen sehnt, müsst ihr voranbringen, in die Zukunft, ihr müsst mit dem Schönen, Guten und Wahren die Zukunft bauen. Das ist die Herausforderung, eure Herausforderung. Aber wenn ihr träge seid, wenn ihr traurig seid – ein trauriger junger Mensch ist etwas Schlimmes –, wenn ihr traurig seid … dann wird jenes Schöne nicht schön, jenes Gute nicht gut und jenes Wahre etwas anderes sein …

Denkt gut darüber nach: Wettet auf ein großes Ideal, das Ideal, eine Welt zu schaffen, die aus Güte, Schönheit und Wahrheit besteht.

Auch meine Schwächen haben einen Sinn

Jesus kommt, um unseren Schwächen einen neuen Sinn zu geben. Er erinnert uns daran, dass wir in seinen Augen kostbarer sind, als wir uns vorstellen können. Er sagt uns, dass er froh ist, wenn wir unsere Schwächen mit ihm teilen. Er sagt uns wieder und wieder, dass seine Barmherzigkeit keine Angst vor unserer Armut hat. Und vor allem heilt er uns mit Liebe von jenen Schwächen, die wir allein nicht heilen können.

Welche Schwächen?, fragen wir uns. Dass wir einen Groll gegen jemanden hegen, der uns Böses getan hat – das ist eine Schwäche, die wir nicht aus eigener Kraft heilen können; dass wir zu den anderen auf Distanz gehen und uns in uns selbst verschließen – das ist eine Schwäche, die wir nicht aus eigener Kraft heilen können; dass wir im Selbstmitleid baden und lamentieren, ohne Frieden zu finden – auch das ist eine Schwäche, die wir nicht aus eigener Kraft heilen können. Er ist es, der uns mit seiner Gegenwart heilt, mit seinem Brot, mit der Eucharistie. Die Eucharistie ist ein wirksames Mittel gegen diese Verschlossenheiten. Denn das Brot des Lebens heilt alles Starre und verwandelt es in Flexibilität.[2]

Die Eucharistie heilt, weil sie mit Jesus vereint: Sie lässt uns seine Art, zu leben, verinnerlichen, seine Fähigkeit, sich zu zerteilen, sich an die Brüder und Schwestern zu verschenken und das Böse mit dem Guten zu beantworten. Sie gibt uns den Mut, aus uns herauszugehen und uns liebevoll zu den Schwächen der anderen hinabzubeugen. So, wie Gott sich zu uns herabbeugt. Das ist die Logik der Eucharistie: Wir empfangen Jesus, der uns liebt und unsere Schwächen heilt, um die anderen zu lieben und ihnen in ihren Schwächen zu helfen. Und das unser ganzes Leben lang.

Dein kostbarer Auftrag

Gebe Gott, dass du erkennst, worin jenes Wort besteht: jene Botschaft Jesu, die Gott der Welt durch dein Leben mitteilen will. Lass dich verwandeln, lass dich vom Geist erneuern, damit dies geschehen kann und dein kostbarer Auftrag nicht verloren geht. Der Herr wird ihn trotz all deiner Fehler und negativen Momente zur Vollendung bringen, solange du nur das Leben der Liebe nicht aufgibst und immer für sein übernatürliches Wirken offenbleibst, das läutert und erleuchtet.

Gott liebt zuerst

Gott überrascht uns. Lassen wir uns von Gott überraschen! Und verfallen wir nicht in eine »Computermentalität«, die uns glauben macht, wir wüssten alles. Was hat es mit diesem oder jenem auf sich? Du musst nur einen Moment warten, dann beantwortet der Computer alle deine Fragen und es gibt keine Überraschung mehr.

In der Herausforderung der Liebe zeigt sich Gott, indem er uns überrascht. Denken wir an den heiligen Matthäus: Er war ein guter Geschäftsmann, ja mehr noch, er verkaufte seine Landsleute, trieb bei den Juden Steuern ein, um sie den Römern zu geben, er hatte jede Menge Geld. Da kommt Jesus vorbei und sagt zu ihm: »Komm!« Die Umstehenden sind überrascht: »Was denn, er ruft den da, diesen Verräter, diesen Halunken?« Doch die Überraschung, geliebt zu werden, behält die Oberhand, und er folgt Jesus nach. Als er sich am Morgen jenes Tages von seiner Frau verabschiedet hatte, hätte er es sich nicht träumen lassen, dass er ohne Geld und in aller Eile heimkommen und ihr sagen würde, sie solle ein Festmahl vorbereiten. Ein Festmahl für den, der ihn zuerst geliebt hatte. Der ihn mit etwas überrascht hatte, das wichtiger war als alles Geld, das er besaß.

Lass dich von Gottes Liebe überraschen! Hab keine Angst vor Überraschungen, die uns erschüttern, die uns in Krisen stürzen, die uns aber auch in Bewegung setzen. Die wahre Liebe drängt dich, dein Leben zu verschenken – auch auf die Gefahr hin, dass du am Ende mit leeren Händen dastehst.

Es gibt Gutes (auch dort, wo wir das Böse sehen)

Jesus erzählt, dass auf einem Feld, wo guter Weizen ausgesät worden ist, auch Giftweizen wächst; dieses Wort steht für alle Arten von Unkraut, die den Boden befallen können (vgl. Mt 13,24–43). Die Knechte gehen daraufhin zum Hausherrn und fragen ihn, woher das Unkraut kommt, und er antwortet ihnen: »Das hat ein Feind getan.« (V. 28) Die Knechte wollen sofort hinlaufen und es ausreißen; doch der Hausherr sagt nein, weil dann die Gefahr bestünde, dass sie zusammen mit dem Unkraut – dem Giftweizen – auch den Weizen ausreißen würden. Man muss die Zeit der Ernte abwarten: Erst dann wird das eine vom anderen getrennt und der Giftweizen verbrannt werden. In dieser Geschichte geht es auch um den gesunden Menschenverstand.

Die Absicht der Knechte ist es, das Böse, das heißt die bösen Menschen, unverzüglich auszurotten, doch der Hausherr ist klüger, er ist weitsichtiger: Sie müssen imstande sein, zu warten, weil es Teil der christlichen Berufung ist, Verfolgungen und Anfeindungen auszuhalten. Gewiss, das Böse darf nicht geduldet werden, doch diejenigen, die das Böse tun, sind Menschen, mit denen wir Geduld haben müssen. Dabei geht es nicht um jene heuchlerische Toleranz, die in Wirklichkeit mangelnde Eindeutigkeit ist, sondern um eine durch Erbarmen gemilderte Gerechtigkeit. Wenn Jesus gekommen ist, um nicht die Gerechten, sondern die Sünder zu suchen, um nicht die Gesunden, sondern die Kranken zu heilen (vgl. Mt 9,12–13), dann müssen auch wir als seine Jünger unser Handeln darauf ausrichten, die Bösen nicht auszurotten, sondern zu retten. Und das erfordert Geduld.

Das Evangelium stellt uns zwei Möglichkeiten vor Augen, zu handeln und in der Geschichte zu wohnen: auf der einen Seite den Blick des Hausherrn, der weit sieht; und auf der anderen Seite den Blick der Knechte, die nur das Problem sehen. Den Knechten geht es um ein Feld ohne Unkraut, dem Hausherrn geht es um den guten Weizen. Der Herr fordert uns auf, uns seinen Blick zu eigen zu machen: den Blick, der auf den guten Weizen sieht und ihn auch zwischen dem Unkraut zu bewahren weiß. Ein guter Mitarbeiter Gottes ist nicht, wer Jagd auf die Grenzen und Fehler der anderen macht, sondern wer das Gute zu erkennen vermag, das still auf dem Acker der Kirche und der Geschichte wächst, und der es hegt, bis es reif ist. Und dann wird Gott – und nur er – es sein, der die Guten belohnt und die Bösen bestraft.

Gott vergibt uns mit einer Liebkosung

Gott vergibt uns nicht per Dekret, sondern mit einer Liebkosung. Jesus geht weiter als das Gesetz und streichelt die

Wunden unserer Sünden. Wie viele von uns hätten womöglich ein Urteil verdient! Das wäre nur gerecht. Doch er vergibt! Wie? Mit dieser Barmherzigkeit, die die Sünde nicht einfach löscht: Gottes Vergebung löscht sie, aber die Barmherzigkeit geht weiter.

Das ist wie mit dem Himmel: Wir betrachten den Himmel und seine Sterne, aber wenn am Morgen die Sonne aufgeht, wird es so hell, dass wir die Sterne nicht mehr sehen. So ist Gottes Barmherzigkeit: ein großes Licht der Liebe, der Zärtlichkeit.

Gott vergibt nicht per Dekret, sondern mit einer Liebkosung: Er streichelt unsere Sünderwunden, weil er in die Vergebung, weil er in unser Heil verstrickt ist.

Jesus übernimmt die Rolle des Beichtvaters. Er demütigt die Ehebrecherin nicht, er sagt nicht zu ihr: Was hast du getan, wann hast du es getan, wie hast du es getan und mit wem hast du es getan? Er sagt ihr, sie solle gehen und nicht mehr sündigen. Gottes Barmherzigkeit ist groß, Jesu Barmherzigkeit ist groß: uns mit einer Liebkosung zu vergeben.

Strebe nach Höherem!

Hab keine Angst vor der Heiligkeit. Sie wird dir nichts von deiner Kraft, deinem Leben und deiner Freude wegnehmen, ganz im Gegenteil, denn es wird dir gelingen, das zu werden, was der Vater im Sinn hatte, als er dich schuf, und du wirst deinem Du-selbst-Sein treu sein.

Hab keine Angst, nach Höherem zu streben, dich von Gott lieben und befreien zu lassen! Hab keine Angst, dich vom Heiligen Geist leiten zu lassen! Die Heiligkeit macht dich nicht weniger menschlich, denn sie ist die Begegnung deiner

Schwäche mit der Kraft der Gnade. Im Grunde gibt es, wie Léon Bloy gesagt hat, im Leben »nur eine Traurigkeit: nicht heilig zu sein«.

Wenn du willst, kannst du mich heilen!

Wann ist ein Glaube groß? Groß ist ein Glaube, wenn er dem Herrn seine eigene, auch von Wunden gezeichnete Geschichte zu Füßen legt und ihn bittet, sie zu heilen, ihr einen Sinn zu geben. Jeder von uns hat seine eigene Geschichte, und diese Geschichte ist nicht immer makellos; oft ist es eine schwierige Geschichte mit vielen Schmerzen, vielen Problemen und vielen Sünden. Was mache ich, ich, mit meiner Geschichte? Sie verstecken? Nein! Wir müssen sie vor den Herrn bringen: »Herr, wenn du willst, kannst du mich heilen!«

Unruhe ist ein Samenkorn

Wenn ich die Unruhe eines jungen Mannes oder einer jungen Frau spüre, dann wird mir bewusst, dass ich verpflichtet bin, diesen jungen Menschen zu dienen, ihrer Unruhe einen Dienst zu erweisen, denn sie ist wie ein Samenkorn, das keimen und Frucht bringen wird. Und ich habe in diesem Augenblick das Gefühl, dem Kostbarsten einen Dienst zu erweisen: eurer Unruhe.

Gott hat Geduld mit dir

Jeder von uns könnte der Knecht aus dem Gleichnis über die Vergebung sein (vgl. Mt 18,21–35), der eine große Schuld begleichen muss – doch sie ist so groß, dass er das auf keinen Fall schaffen kann. Wenn wir im Beichtstuhl vor dem

Priester niederknien, tun wir eigentlich auch nichts anderes als der Knecht, wir sagen: »Herr, hab Geduld mit mir.« Habt ihr schon einmal über die Geduld Gottes nachgedacht? Er ist so geduldig. Wir wissen ja genau, dass wir voller Fehler sind und oft wieder in dieselben Sünden zurückfallen. Und doch wird Gott es nicht müde, uns jedes Mal seine Vergebung zu schenken, wann immer wir ihn darum bitten. Es ist eine vollkommene, umfassende Vergebung, mit der er uns die Gewissheit gibt, dass er – obwohl wir womöglich wieder dieselben Fehler begehen – Erbarmen mit uns hat und nicht aufhört, uns zu lieben. Wie der Herr im Gleichnis *erbarmt sich* Gott, er fühlt *Erbarmen* und *Zärtlichkeit* zugleich: Dieser Ausdruck zeigt an, dass er uns gegenüber *barmherzig* ist. Denn unser Vater erbarmt sich immer, wenn wir Reue empfinden, und schickt uns mit ruhigem und heiterem Herzen nachhause: Er sagt uns, dass er uns alle Schulden erlassen und alles vergeben hat. Gottes Vergebung kennt keine Grenzen; sie übersteigt unsere Vorstellungskraft und erreicht jeden, der im Innersten seines Herzens erkennt, dass er gesündigt hat, und zu ihm zurückkehren will. Gott blickt auf das Herz dessen, der um Vergebung bittet.

Niemand sonst kann der Welt geben, was du ihr geben kannst

»Ich will das Leben besitzen, mein Leben besitzen. Was muss ich tun?« Mit dem Leben ist das so eine Sache: Wir besitzen es nur, wenn wir es verschenken. Dann wirst du dein Leben besitzen! Doch vielleicht hast du einen Einwand: »Auch wenn ich mein Bestes gebe, wird die Wirklichkeit sich nicht zum Besseren verändern.« Das stimmt nicht. Weißt du, warum? Weil du einzigartig bist. Weil niemand sonst der Welt geben kann, was du ihr zu geben berufen bist. Zu Mutter Teresa von Kalkutta hat einmal jemand genau das Gleiche gesagt: »Aber Schwester, Sie tun diese Dinge mit den Armen, den Sterbenden ... Sie tun so viel Gutes ... Doch was nützt das in einer so heidnischen, so atheistischen, so bösen Welt?« Und sie hat ihm geantwortet: »Es ist ein weiterer Tropfen im Meer. Wenn ich ihn nicht gäbe, gäbe ihn niemand.«

Niemand kann geben, was ich, der ich einzigartig bin, geben kann. Niemand auf der ganzen Welt kann das geben, das zu geben du berufen bist! Jeder von euch ist einzigartig und – bitte vergesst das nie – kostbar in den Augen Gottes. Ihr seid kostbar für die Kirche, ihr seid kostbar für mich. Das möchte ich jedem von euch sagen: Du bist kostbar für mich. Du bist kostbar für Gott. Es wäre schön, wenn ihr das jedes Mal, wenn ihr euch trefft, von ganzem Herzen zueinander sagen würdet: »Du bist kostbar, du bist kostbar ...«

II.

Das Beste am Leben

Die wichtigste Lektion

Wir sind heute, mit all den Medien, hyperinformiert: Ist das etwas Schlechtes? Nein. Das ist gut und hilfreich, aber wir laufen Gefahr, in unserem Leben einfach nur Informationen zu sammeln. Wir haben unzählige Informationen, aber vielleicht wissen wir nicht, was wir damit machen sollen. Wir laufen Gefahr, zu »musealen Jugendlichen« zu werden, die alles haben, aber nicht wissen, wie sie das, was sie haben, benutzen sollen. Wir brauchen keine musealen Jugendlichen, wir brauchen weise Jugendliche! Ihr könntet mich fragen: »*Padre*, wie wird man weise?« Das ist noch eine Herausforderung, die Herausforderung der Liebe.

Was ist das Wichtigste, das man an der Universität lernen muss? Was ist das Wichtigste, das man im Leben lernen muss? Wir müssen lernen zu lieben! Das ist die Herausforderung, vor die das Leben euch heute stellt. Lieben zu lernen! Nicht nur Informationen zu sammeln und nicht zu wissen, was ihr damit anfangen sollt. Sondern durch die Liebe dafür zu sorgen, dass diese Informationen Frucht bringen.

Zu diesem Zweck schlägt uns das Evangelium einen heiteren, ruhigen Weg vor, nämlich, die drei Sprachen zu benutzen: die Sprache des Verstandes, die Sprache des Herzens und die Sprache der Hände. Diese drei Sprachen wirken auf harmonische Weise: Was du denkst, das fühlst du und setzt es um. Deine Information senkt sich ins Herz, bewegt es und bewirkt etwas. Und das auf harmonische Weise.

Die Harmonie der Weisheit

Wir – und das ist schade – sind »Großköpfige«[3]: So viele unserer Universitäten lehren uns Ideen, Konzepte ... Wir sind Erben des Liberalismus, der Aufklärung ... Doch wir haben die Harmonie der drei Sprachen verloren. Die Sprache des Kopfs: das Denken; die Sprache des Herzens: das Fühlen; die Sprache der Hände: das Tun.

Um diese Harmonie zu verwirklichen, muss jeder denken, was er fühlt und tut; er muss fühlen, was er denkt und tut; und er muss tun, was er fühlt und denkt. Das ist die Harmonie der Weisheit. Nicht die Disharmonie der Spezialisierungen – aber das meine ich nicht negativ. Wir brauchen Spezialisten, wir brauchen sie. Vorausgesetzt, sie sind in der menschlichen Weisheit verwurzelt. Spezialisten, die nicht in dieser Weisheit wurzeln, sind Roboter.

Mehr als das süße Leben

Als ich in Amazonien war, habe ich viele Leute getroffen. Ich war in Puerto Maldonado, im peruanischen Amazonasgebiet. Ich habe mit vielen Menschen gesprochen, mit vielen verschiedenen indigenen Kulturen. Dann habe ich mit 14 ihrer Würdenträger zu Mittag gegessen, alle mit Federschmuck und in traditioneller Kleidung. Sie haben eine Sprache gesprochen, die von großer Weisheit und Klugheit durchdrungen war! Nicht nur Klugheit, sondern Weisheit. Ich habe einen von ihnen gefragt: »Was machen Sie beruflich?« – »Ich bin Professor an der Universität.« Ein indigener Mann, der zuhause Federschmuck trug, aber in Zivil an die Universität ging. »Und Sie, *Señora*?« – »Ich arbeite beim Bildungsministerium, ich bin für diese ganze Region hier zuständig.« Und so weiter, einer nach dem anderen. Und schließlich eine junge Frau: »Ich studiere Politikwissenschaften.« Da habe ich begriffen, dass wir unser Bild von den indigenen Menschen mit Federschmuck und Pfeilen ändern müssen. Ich habe mit ihnen zusammengesessen und die Weisheit dieser Bevölkerungen entdeckt. Auch die Weisheit des »guten Lebens«, wie sie es nennen. Das »gute Leben« ist nicht das süße Leben, nicht das süße Nichtstun. Nein. Gut leben heißt, im Einklang mit der Schöpfung zu leben. Diese Weisheit des guten Lebens haben wir verloren. Die Urbevölkerungen zeigen uns diese offene Tür.

Der Wert der kleinen Dinge

Die christliche Spiritualität entwirft ein anderes Verständnis von Lebensqualität und ermutigt uns zu einem prophetischen und kontemplativen Lebensstil, der uns zu einer tiefen Freude ohne Konsumzwang befähigt. Wir müssen uns eine alte Lehre zu eigen machen, die in verschiedenen religiösen Überlieferungen und auch in der Bibel enthalten ist. Ich meine die Überzeugung, dass »weniger mehr ist«. Die permanente Anhäufung von Konsummöglichkeiten zerstreut das Herz und hindert uns daran, jedes Ding und jeden Augenblick zu würdigen. Wer sich hingegen in aller Ruhe mit jeder einzelnen Sache befasst, so klein sie auch sein mag, dem tun sich weitaus mehr Möglichkeiten auf, die Dinge zu verstehen und sich selbst zu verwirklichen. Die christliche Spiritualität bietet uns ein Wachstum in Bescheidenheit und die Fähigkeit, uns an Wenigem zu freuen. Es ist eine Rückkehr zur Einfachheit, die es uns ermöglicht, innezuhalten und die kleinen Dinge zu würdigen, für die Chancen zu danken, die das Leben uns bietet, und uns weder an das zu klammern, was wir haben, noch traurig zu sein, weil wir dieses oder jenes nicht besitzen. Voraussetzung ist, dass wir die Dynamik des Beherrschens und des bloßen Anhäufens von Vergnügungen vermeiden.

Am Ende gibt es nur einen Reichtum: die Liebe

Am Ende des Lebens wird die Wirklichkeit offenbar werden: Die Vorspiegelung der Welt – dass Erfolg, Macht und Geld dem Leben einen Sinn geben – wird verblassen, und die Liebe, das, was wir verschenkt haben, wird sich als der wahre Reichtum herausstellen. Jene Dinge werden vergehen, doch die Liebe wird hervortreten. Ein großer Kirchenvater, der heilige Johannes Chrysostomus, hat geschrieben: »So geht es im Leben: Nachdem der Tod gekommen ist und das Schauspiel ein Ende hat, legen alle die Maske des Reichtums und der Armut ab und verlassen diese Welt. Und sie werden nur nach ihren Werken gerichtet, die einen für wahrhaft reich und die anderen für arm befunden werden.«

Umherirren ist nicht reisen

Achtet darauf, dass ihr den richtigen Weg wählt. Was soll das heißen? Das soll heißen, dass ihr lernen müsst, im Leben zu *reisen* und nicht *ziellos umherzuirren*. Ich will euch etwas fragen: Was tut ihr, reist ihr oder irrt ihr umher? Unser Leben ist nicht richtungslos, es hat ein Ziel, ein Ziel, das uns von Gott gegeben wurde. Er leitet uns und gibt uns mit seiner Gnade die Richtung vor. Es ist, als hätte er in uns eine Software installiert, die uns hilft, sein göttliches Programm zu erkennen und frei darauf zu antworten. Doch wie jede Software braucht auch diese immer wieder ein Update. *Achtet darauf, dass euer Programm auf dem neuesten Stand ist*, das heißt: Hört auf den Herrn und nehmt die Herausforderung an, seinen Willen zu tun. Es ist ein bisschen traurig, wenn die Software nicht auf dem neusten Stand ist; und noch trauriger ist es, wenn sie kaputt ist und nicht funktioniert.

Sei Herr deiner selbst!

Warte nicht damit, dich zum Herrn zu bekehren; verschiebe es nicht von einem Tag auf den nächsten, dein Leben zu ändern. Wenn du weißt, dass du diesen oder jenen Fehler hast, dann nimm dir eine Minute Zeit, bevor du ins Bett gehst; halte Gewissenserforschung und nimm die Zügel in die Hand, übernimm das Kommando. Sag zu dir selbst: Ja, ich habe Fehler gemacht, ich hatte viele Fehlschläge, viele Misserfolge, aber das soll mir morgen nicht wieder passieren. Wir müssen uns unsere Fehlschläge bewusst machen. Die haben wir alle, und zwar jeden Tag und etliche. Aber das soll dich nicht erschrecken. Du darfst nur nicht denken, das sei normal, das sei das Salz in der Suppe unseres Alltags. Nein!

Wenn ich bei dieser oder jener Leidenschaft die Zügel in der Hand halte, dann bin ich der Bestimmer, dann übernehme ich Verantwortung für meine Handlungen. Wir brauchen nur fünf Minuten vor dem Schlafengehen, um zu lernen, wie wir am nächsten Tag mehr »Herrscher« über uns selbst sein können. Fragen wir uns: Was ist heute passiert? Was ist in meiner Seele passiert? Halten wir diese kleine Gewissenserforschung jeden Tag, um uns zum Herrn zu bekehren. Und zum Abschluss erneuern wir unseren Vorsatz: »Morgen werde ich versuchen dafür zu sorgen, dass das nicht wieder vorkommt.« Es wird wieder vorkommen, vielleicht ein bisschen weniger, aber du wirst es geschafft haben, selbst die Kontrolle zu übernehmen und dich nicht von deinen Leidenschaften und von den vielen Dingen, die dir passieren, kontrollieren zu lassen, denn niemand von uns kann sicher sein, wie sein Leben endet und wann es endet.

Es braucht nur fünf Minuten am Ende des Tages.

Alles ruft nach Barmherzigkeit

Jede Gegenargumentation wird von einer Stimme übertönt, die im Herzen des Menschen ruft. Wir alle haben diese Stimme in unserem Innern. Eine Stimme, die sich spontan erhebt, ohne dass irgendjemand es ihr befiehlt, eine Stimme, die – vor allem, wenn es um uns herum dunkel ist – nach dem Sinn unseres Erdenweges fragt: »Jesus, erbarme dich meiner! Jesus, erbarme dich meiner!« Das ist ein schönes Gebet. Doch sind diese Worte nicht eigentlich in die ganze Schöpfung hineingemeißelt? Alles ruft und fleht, dass das Geheimnis der Barmherzigkeit sich endgültig erfüllen möge. Nicht nur die Christen beten darum: Sie teilen dieses betende Rufen mit allen Männern und Frauen, und wir können den Horizont sogar noch erweitern: Paulus erklärt, dass die ganze Schöpfung »seufzt und in Wehen liegt« (Röm 8,22). Die Künstler werden oft zum Sprachrohr dieses stummen Schreis der Schöpfung, der in jedem Geschöpf hervordrängt und vor allem im Herzen des Menschen aufsteigt, weil der Mensch ein »Bettler Gottes« ist. Das ist eine schöne Definition für den Menschen: ein »Bettler Gottes«.

Die Liebe Christi ist keine Telenovela

Denkt nur nicht, die Liebe, von der Johannes im Evangelium spricht, sei eine Liebe wie aus einer *Telenovela*! Nein, sie ist etwas ganz anderes! Eine Eigenschaft hat die christliche Liebe immer: Sie ist konkret! Die christliche Liebe ist konkret. Jesus selbst spricht von konkreten Dingen, wenn er über die Liebe spricht: davon, den Hungernden zu essen zu geben, die Kranken zu besuchen.

Ohne diese Konkretheit verfallen wir schlussendlich in ein Christentum der Illusionen, weil wir nicht begreifen, wo das Zentrum der Botschaft Jesu liegt. Dann gelingt es der Liebe nicht, sich zu konkretisieren, und sie wird eine Liebe der Illusionen. Wie die Liebe der Jünger, als sie Jesus sahen und dachten, er sei ein Gespenst, wie es uns das Stück aus dem Markusevangelium erzählt (6,45–52). Doch eine Liebe der Illusionen, eine Liebe, die nicht konkret ist, tut uns nicht gut. Wann passiert so etwas? Die Antwort steht ganz deutlich im Evangelium. Als die Jünger denken, dass sie ein Gespenst sehen, sind sie innerlich völlig überrascht, weil sie die Brotvermehrung nicht begriffen haben: Ihr Herz war verhärtet. Und wenn dein Herz verhärtet ist, kannst du nicht lieben. Und dann denkst du, Liebe sei, sich Dinge vorzustellen. Nein, die Liebe ist konkret!

Es gibt ein grundlegendes Kriterium für die wahrhaftig gelebte Liebe: Dieses Kriterium ist der Glaube an die Inkarnation des Wortes: dass Gott Mensch geworden ist. Ohne diese Grundlage gibt es kein echtes Christentum. Der Schlüssel zum christlichen Leben ist der Glaube an Jesus Christus, das menschgewordene Wort Gottes.

Dieses Kriterium hat einige Konsequenzen: Die erste ist, dass die Liebe sich mehr in Werken als in Worten ausdrückt. Das hat Jesus selbst gesagt: Nicht die, die »Herr, Herr« zu mir sagen, die also viele Worte machen, werden ins Himmelreich eingehen; sondern die, die den Willen Gottes tun. Das erste Kriterium ist, mit Werken zu lieben, nicht mit Worten. Worte verwehen im Wind: Heute sind sie da, morgen sind sie nicht mehr da.

Das zweite Kriterium der Konkretheit ist folgendes: In der Liebe ist das Geben wichtiger als das Nehmen. Ein Mensch, der liebt, gibt; er gibt Dinge, er gibt sein Leben, er gibt sich selbst Gott und den Menschen hin. Wer aber nicht liebt und egoistisch ist, versucht immer zu nehmen. Er versucht immer, etwas zu bekommen, sich Vorteile zu verschaffen. Der Rat lautet also, dass wir unser Herz offenhalten sollen: nicht wie das der Jünger, das verschlossen war. Es geht darum, in Gott zu bleiben, wie Gott in uns bleibt. Und in der Liebe zu bleiben.

Große Entscheidungen machen das Leben groß

Das Leben ist die Zeit der festen, grundsätzlichen, ewigen Entscheidungen. Banale Entscheidungen führen zu einem banalen Leben, große Entscheidungen machen das Leben groß. Denn wir werden zu dem, wofür wir uns entscheiden, im Guten wie im Schlechten. Wenn wir uns entscheiden zu stehlen, dann werden wir Diebe, wenn wir uns entscheiden, an uns selbst zu denken, dann werden wir Egoisten, wenn

wir uns entscheiden zu hassen, dann werden wir zorni-
ge Menschen, wenn wir uns entscheiden, stundenlang am
Smartphone zu kleben, dann werden wir süchtig. Doch
wenn wir uns für Gott entscheiden, dann werden wir täglich
mehr geliebt, und wenn wir uns entscheiden zu lieben, dann
werden wir glücklich. Das ist so, weil *die Schönheit der Entscheidungen von der Liebe abhängt*: Vergesst das nicht. Jesus
weiß, dass wir gelähmt bleiben, wenn wir ein verschlossenes
und gleichgültiges Leben führen, dass wir aber frei werden,
wenn wir uns für die anderen verausgaben. Der Herr des
Lebens will, dass wir voller Leben sind, und er verrät uns
das Geheimnis des Lebens: Man besitzt es nur, wenn man
es hingibt. Das ist eine Lebensregel: Das Leben besitzt man
jetzt und in der Ewigkeit nur, wenn man es hingibt.

Unser Herz steht jeden Tag vor vielen Entscheidungen. Ich
möchte euch einen Rat geben, wie ihr üben könnt, euch für
das Richtige zu entscheiden. Wenn wir in uns hineinschauen,
dann sehen wir, dass oft zwei unterschiedliche und gegensätzliche Fragen in uns aufsteigen. Die eine lautet: *Was würde
ich jetzt gerne tun?* Diese Frage ist häufig irreführend, denn
sie macht uns glauben, dass es wichtig sei, an uns selbst zu
denken und all unseren Launen und Impulsen nachzugeben.
Doch die Frage, die der Heilige Geist in unserem Herzen
weckt, ist eine andere: Nicht: *Was würdest du gerne tun?*, sondern: *Was würde dir guttun?* Das ist die tägliche Entscheidung:
was ich gerne tun würde oder was mir guttun würde. Aus dieser inneren Suche können banale oder große Entscheidungen
erwachsen, das hängt von uns ab.

III.

Der einmalige
Augenblick ist jetzt

Das neue Leben

Jesus kommt in das Städtchen Naïn in Galiläa und begegnet dort einem Leichenzug, der einen jungen Mann, den einzigen Sohn seiner verwitweten Mutter, zum Grab geleitet. Betroffen über den herzzerreißenden Schmerz dieser Frau vollbringt Jesus ein Wunder und erweckt ihren Sohn von den Toten (Lk 7,13–14).

Der Name des auferweckten Jungen wird im Evangelium nicht genannt. Das ist eine Einladung an den Leser, sich mit ihm zu identifizieren. Jesus spricht zu dir, zu mir, zu jedem von uns, und er sagt: »Steh auf!« Wir wissen genau, dass auch wir Christen hinfallen und immer wieder aufstehen müssen. Nur wer gar nicht erst losgeht, fällt nicht hin, aber er kommt auch nicht voran. Deshalb müssen wir das Eingreifen Christi akzeptieren und unseren Glauben an Gott bekennen. Der erste Schritt besteht darin, dass wir uns darauf einlassen, aufzustehen. Das neue Leben, das er uns geben wird, wird gut und lebenswert sein, weil jemand es hält, der uns auch in Zukunft begleiten und uns niemals im Stich lassen wird. Er wird uns helfen, unser Dasein auf würdige und fruchtbare Weise zu verbringen.

Es ist wirklich eine Neuschöpfung, eine neuerliche Geburt. Keine psychologische Konditionierung. Wahrscheinlich haben schon viele von euch in schwierigen Phasen diese »magischen« Worte zu hören bekommen, die heute so modern sind und angeblich jedes Problem lösen: »Du musst an dich glauben«, »Du musst deine inneren Ressourcen aktivieren«, »Du musst deine positive Energie spüren«. Doch das alles sind nur Worte, und sie funktionieren nicht, wenn jemand wirklich »innerlich tot« ist. Das Wort Christi hat eine ganz andere Substanz, es ist unendlich viel größer. Es ist ein göttliches Schöpferwort, das die Kraft hat, das Leben zurückzubringen, wo es erloschen war.

Wir sind Schuldner

Wir waren schon gedacht, ehe wir selbst zu denken gelernt haben; wir waren schon geliebt, ehe wir selbst zu lieben gelernt haben; wir waren schon gewünscht, ehe der erste Wunsch in unserem Herzen aufkeimte. Wenn wir das Leben so betrachten, dann wird das »danke« zum Leitmotiv unserer Tage. Und doch vergessen wir so oft, »danke« zu sagen. Die Christen preisen Gott wie alle Gläubigen für das Geschenk des Lebens. Leben heißt vor allem, das Leben geschenkt bekommen zu haben: Wir alle werden geboren, weil uns jemand das Leben gewünscht hat. Und das ist nur die erste in einer langen Reihe von Schulden, die wir mit unserem Leben machen. Dankesschulden.

Mehr als ein Mensch hat uns im Lauf unseres Daseins mit reinen Augen angesehen, ohne eine Gegenleistung zu erwarten. Oft waren es Erzieher, Katecheten, Menschen, die ihre Aufgabe über das von der Pflicht geforderte Maß hinaus erfüllt haben. Und die in uns die Dankbarkeit geweckt haben.

Wenn du dich bedankst, bringst du die Gewissheit zum Ausdruck, geliebt zu werden. Und das ist ein großer Schritt: die Gewissheit zu haben, dass du geliebt wirst. Das ist die Entdeckung der Liebe als der Kraft, die die Welt regiert.

Wahre Liebe macht von innen schön

Verlass dich auf Jesus. Nachdem er gesagt hat: *Gebt*, fügt er hinzu: *so wird euch gegeben werden*. Gott ist Vater, und er wird euch mehr geben, als ihr euch vorstellen könnt. Gott lässt euch nicht mit leeren Händen zurück. Wenn es den Anschein hat, dass er dir etwas wegnimmt, dann nur, um Platz zu schaffen und dir mehr und Besseres zu geben, damit du auf deinem Weg weiterkommst. Er befreit dich von den falschen Konsumversprechen, damit du innerlich frei wirst. Jesus macht dich innerlich glücklich, nicht äußerlich. Er schminkt dich nicht, nein: Er macht dich von innen schön, er macht dich von innen schön! Nicht von außen. Er gibt dir etwas, das kein Konsumartikel dir geben kann; denn das neueste Smartphone, das schnellste Auto oder das modischste Kleid sind nicht nur nie genug, sondern werden dir auch niemals die Freude schenken, dich geliebt zu fühlen, und auch nicht die Freude, zu lieben. Das ist die wahre Freude: dich geliebt zu fühlen und zu lieben.

Wenn die Schminke abgeht

Manche Christen sind nur Scheinchristen: Menschen, die sich als Christen schminken und in der Zeit der Prüfung nur ihre Schminke haben. Und wir wissen ja, was einer geschminkten Frau passiert, wenn sie über die Straße geht, und dann fängt es an zu regnen und sie hat keinen Schirm dabei: Alles wird abgewaschen, der ganze schöne Schein landet auf dem Boden.

Junge Bäume und kräftige Wurzeln

Das eine oder andere Mal habe ich junge Bäume gesehen, sie waren schön und reckten ihre Zweige gen Himmel und streckten sie immer höher und sahen aus wie ein Lied der Hoffnung. Und dann, nach einem Sturm, fand ich sie umgestürzt und leblos. Denn sie hatten ihre Zweige ausgebreitet, ohne ihre Wurzeln zuvor tief in den Boden zu senken, und so sind sie den Angriffen der Natur erlegen. Deshalb tut es mir weh, zu sehen, dass manche den jungen Leuten vorschlagen, eine Zukunft ohne Wurzeln zu bauen, als ob die Welt gerade erst begonnen hätte. Denn es ist unmöglich, dass einer wächst, wenn er keine starken Wurzeln hat, die ihm helfen, fest und mit beiden Beinen auf dem Boden zu stehen. Wenn man nichts hat, woran man sich festhalten kann, geschieht es leicht, dass man »wegfliegt«.

Wurzeln sind keine Anker, die uns in anderen Epochen festmachen und daran hindern, uns in der gegenwärtigen Welt zu inkarnieren und etwas Neues entstehen zu lassen, im Gegenteil: Sie sind ein Rückhalt, der es uns erlaubt, zu wachsen und auf die neuen Herausforderungen zu reagieren.

Was sind meine Wurzeln?

Ich frage euch in dieser Krisenzeit: Habt ihr Wurzeln? Jeder soll sich in seinem Herzen fragen: »Was sind meine Wurzeln?« Oder habt ihr sie vielleicht verloren? »Bin ich ein junger

Mensch mit Wurzeln, oder bin ich ein *entwurzelter* junger Mensch?« Bist du in der Kultur deines Volkes verwurzelt? Bist du in den Werten deines Volkes, deiner Familie verwurzelt? Oder schwebst du ein bisschen in der Luft, bist du – verzeiht das Wort – ein bisschen »gasförmig«, ohne Bodenhaftung? »Aber, *Padre*, wo finde ich Wurzeln?« In eurer Kultur findet ihr jede Menge Wurzeln! Im Dialog mit anderen … Aber vor allem – und das will ich betonen – im Dialog mit den alten Menschen. Sprecht mit den alten Menschen, hört ihnen zu. »*Padre*, sie erzählen immer dasselbe!« Hört ihnen dennoch zu. Diskutiert mit ihnen, denn wenn du mit alten Menschen diskutierst, dann gehen sie tiefer und werden dir Dinge verraten. Sie müssen dir die Wurzeln geben, Wurzeln, die dann – in deinen Händen – Hoffnung hervorbringen, und diese Hoffnung wird in der Zukunft aufblühen. Auf unterschiedliche Weise, aber mit Wurzeln. Ohne Wurzeln ist alles verloren: Ohne Wurzeln kann man keine Hoffnung schaffen. Ein Dichter hat einmal gesagt: »Was am Baum erblüht ist, lebt von dem, was darunter begraben ist«,[4] von den Wurzeln. Sucht nach den Wurzeln.

Drei Ratschläge des Heiligen Geistes für ein gutes Leben

1. Lebe in der Gegenwart!

Der erste Ratschlag des Heiligen Geistes lautet: »Lebe in der Gegenwart.« In der Gegenwart, nicht in der Vergangenheit oder in der Zukunft. Der Paraklet steht für den *Primat des Heute*: gegen die Versuchung, uns von Bitterkeit und von der nostalgischen Sehnsucht nach der Vergangenheit lähmen zu lassen oder nur an die Ungewissheiten des Morgen zu denken und von Zukunftsängsten besessen zu sein. Der Geist erinnert uns an die Gnade der Gegenwart. Es gibt für uns keine bessere Zeit: Jetzt, genau da, wo wir gerade sind, ist der einmalige und unwiederholbare Moment, um Gutes zu tun, um das Leben zu einem Geschenk zu machen. Leben wir in der Gegenwart!

2. Suche das Ganze!

Als Nächstes rät uns der Paraklet: »Suche das Ganze.« Das Ganze, nicht den Teil. Der Geist formt keine verschlossenen Individuen, sondern gründet uns als Kirche in der mannigfachen Formenvielfalt der Charismen, in einer Einheit, die aber niemals Einförmigkeit ist. Der Paraklet steht für den *Primat des Ganzen*. Das Ganze, die Gemeinschaft ist der Ort, an dem der Geist mit Vorliebe wirkt und Neues bringt. Nehmen wir die Apostel: Sie waren sehr unterschiedlich: Einer von ihnen war zum Beispiel Matthäus, ein Zöllner, der mit den Römern zusammengearbeitet hatte, und ein anderer war Simon, der der Zelot genannt wurde und gegen sie gekämpft hatte. Sie hatten gegensätzliche politische Ansichten und unterschiedliche Weltanschauungen. Doch als sie den Geist empfangen, lernen sie, nicht ihren menschlichen Blickwinkeln, sondern dem Ganzen Vorrang zu geben, das von Gott ist. Wenn wir heute auf den Geist hören, dann werden wir uns nicht auf Konservative und Progressive, Traditionalisten und Neuerer, Rechte und Linke konzentrieren: Wenn das die Kriterien sind, dann bedeutet das, dass der Geist in der Kirche in Vergessenheit geraten ist. Der Paraklet drängt zur Einheit, zur Eintracht, zur *Harmonie in der Vielfalt*. Er sorgt dafür, dass wir einander als Teile desselben

Körpers, als Brüder und Schwestern sehen. Streben wir nach dem Ganzen! Der Feind will, dass aus der Vielfalt Feindschaft wird, und deshalb verwandelt er sie in Ideologien. Sagen wir »nein« zu den Ideologien und »ja« zum Ganzen!

3. Stelle Gott über das Ich!

Und schließlich der dritte große Ratschlag: »Stelle Gott über dein Ich.« Das ist der entscheidende Schritt des geistlichen Lebens, das unsererseits nicht darin besteht, Verdienste und gute Werke anzuhäufen, sondern Gott demütig aufzunehmen. Der Paraklet steht für den *Primat der Gnade.* Nur wenn wir leer von uns selbst werden, geben wir dem Herrn Raum; nur wenn wir uns auf ihn verlassen, werden wir uns selbst wiederfinden; nur wenn wir arm sind im Geist, werden wir im Heiligen Geist reich werden. Das gilt auch für die Kirche. Aus eigener Kraft retten wir niemanden, nicht einmal uns selbst. Wenn unsere Projekte, unsere Strukturen und unsere Reformpläne an erster Stelle stehen, werden wir in Funktionalismus, in Effizientismus, in Horizontalismus verfallen und keine Frucht bringen. Die »Ismen« sind Ideologien, die spalten und trennen. Die Kirche ist keine menschliche Organisation – sie ist menschlich, aber nicht nur menschlich –, die Kirche ist der Tempel des Heiligen Geistes. Jesus hat das Feuer des Geistes auf die Erde gebracht, und die Kirche wird durch die Salbung reformiert, die unentgeltliche Salbung der Gnade, die Kraft des Gebets, die Freude der Sendung, die entwaffnende Schönheit der Armut. Stellen wir Gott an die erste Stelle!

IV.

Wovor wir auf
der Hut sein müssen

Der Fürst dieser Welt führt unser Leben auf Irrwege

Denken wir daran, wie der Fürst dieser Welt Jesus während der 40 Tage in der Wüste in Versuchung führen wollte. Jesus fastete, doch er hat ihn versucht: »Das machst du sehr gut! Hast du Hunger? Iss nur, du kannst es doch.« Ein bisschen versuchte er ihn auch bei der Eitelkeit zu packen: »Du bist gekommen, um die Menschen zu retten. Verschwende keine Zeit! Stell dich auf das Dach des Tempels und stürz dich hinab, sodass alle dieses Wunder sehen. Dann ist die Sache erledigt: Sie werden auf dich hören.« Aber eines sollten wir uns bewusstmachen: Jesus hat diesem Fürsten nie mit seinen eigenen Worten geantwortet! Kein einziges Mal. Er hat das Wort Gottes genommen und mit dem Wort Gottes geantwortet.

Und so, wie er es mit Jesus gemacht hat, wird es der Fürst dieser Welt auch mit uns machen: »Schau doch, mach das so ... das ist nur ein bisschen geschummelt ... gar nicht schlimm ... eine Kleinigkeit«, und so bringt er dich auf eine Bahn, die ein klein wenig schief ist.

Jesus hat zu uns gesagt: »Ich sende euch wie Schafe mitten unter die Wölfe. Seid klug, aber ohne Falsch.« Doch wenn wir uns vom Geist der Eitelkeit packen lassen und denken, wir könnten die Wölfe bekämpfen, indem wir selbst zu Wölfen werden, »dann werden sie euch bei lebendigem Leib auffressen«. Denn wenn du aufhörst, ein Schaf zu sein, dann hast du keinen Hirten mehr, der dich beschützt, und dann fällst du den Wölfen in die Hände. Ihr fragt vielleicht: »*Padre*, mit welcher Waffe kann man sich gegen diese Verlockungen schützen, gegen diese Feuerwerke, die der Fürst dieser Welt abbrennt, gegen seine Schmeicheleien?« Die Waffe ist dieselbe, die auch Jesus benutzt hat: das Wort Gottes, und außerdem Demut und Sanftmut. Denken wir an Jesus, als sie ihn ins Gesicht geschlagen haben: was für eine Demut, was für eine Sanftmut. Er hätte sie beschimpfen können, doch er hat ihnen nur eine demütige und sanftmütige Frage gestellt. Denken wir an Jesus auf seinem Leidensweg. Der Prophet sagt über ihn: »Wie ein Schaf, das zur Schlachtbank geführt wird, gibt er keinen Laut von sich.« Demut. Demut und Sanftmut: Das sind die Waffen, die der Fürst dieser Welt, der Geist der Welt nicht ertragen kann, weil seine Vorschläge auf weltliche Macht, auf Eitelkeit, auf Reichtümer gerichtet sind. Demut und Sanftmut erträgt er nicht.

Die Faulen werden nicht ins Himmelreich eingehen

Gott verabscheut die Faulheit und er liebt die Aktion. Die Faulen können die Stimme des Herrn nicht erben. Versteht ihr? Es geht nicht darum, sich Bewegung zu verschaffen, um in Form zu bleiben, jeden Tag laufen zu gehen, um zu trainieren. Nein, darum geht es nicht. Es geht darum, das Herz in Bewegung, *das Herz auf den Weg zu bringen*.

Denkt an den jungen Samuel. Er war Tag und Nacht im Tempel, und doch war er ständig in Bewegung, weil er nicht mit seinen eigenen Angelegenheiten beschäftigt, sondern auf der Suche war. Wenn du die Stimme des Herrn hören willst, dann mach dich auf den Weg, lebe als Suchender. Der Herr spricht zu denen, die suchen. Auf der Suche zu sein ist immer gut; das Gefühl, schon angekommen zu sein, ist tragisch, besonders bei jungen Menschen. Versteht ihr? Denkt nie, ihr wärt angekommen, niemals!

Wenn wir vergessen, was gut ist ...

Denken wir daran, Gott zu loben? Danken wir ihm für die großen Dinge, die er für uns tut? Für jeden Tag, den er uns schenkt, dafür, dass er uns liebt und uns immer vergibt, für seine Zärtlichkeit? Und dafür, dass er uns seine Mutter geschenkt hat, für die Brüder und Schwestern, die er auf unseren Weg führt, dafür, dass er uns den Himmel geöffnet hat? Danken wir Gott, loben wir Gott für diese Dinge? Wenn wir das Gute vergessen, dann wird das Herz eng. Aber wenn wir wie Maria an die großen Dinge denken, die der Herr vollbringt, wenn wir ihn mindestens einmal am Tag lobpreisen, dann machen wir einen großen Schritt vorwärts. Einmal am Tag können wir sagen: »Ich lobe den Herrn«, »Gepriesen sei der Herr«. Das ist ein kleines Lobgebet. So lobt man Gott. Dieses kleine Gebet lässt das Herz weit werden und die Freude wachsen. Bitten wir die Gottesmutter, die Pforte des Himmels, um die Gnade, jeden Tag damit zu beginnen, dass wir den Blick zum Himmel, zu Gott richten, um – wie die Kleinen zu den Großen – »danke!« zu ihm zu sagen.

Drei Feinde des Guten

Drei Feinde sind es, die immer an der Tür des Herzens lauern: der Narzissmus, der Viktimismus[5] und der Pessimismus.

1. *Der Narzissmus* macht uns zu Götzendienern unseres Selbst und lässt uns nur an unserem eigenen Vorteil Gefallen finden. Der Narzisst denkt: »Das Leben ist schön, wenn ich dabei gewinne.« Deshalb sagt er: »Warum sollte ich für die anderen da sein?« Wie viel Schaden richtet der Narzissmus an, das Kreisen um die eigenen Bedürfnisse, die Gleichgültigkeit gegenüber den Bedürfnissen anderer, die fehlende Bereitschaft, eigene Schwächen und Fehler zuzugeben!

2. Doch auch der zweite Feind, *der Viktimismus*, ist gefährlich. Der Viktimist beklagt sich täglich über seinen Nächsten: »Niemand versteht mich, niemand hilft mir, niemand liebt mich, alle sind gegen mich!« Wie oft haben wir dieses Gejammer schon gehört! Und sein Herz verschließt sich, während er sich fragt: »Warum sind die anderen nicht für mich da?« Zu denken, dass niemand uns versteht und fühlt, was wir fühlen, das ist Viktimismus. Und das ist schlimm!

3. Und schließlich der *Pessimismus*. Hier lautet die tägliche Litanei: »Überall läuft es schlecht, in der Gesellschaft, in der Politik, in der Kirche …« Der Pessimist hadert mit der ganzen Welt, doch er bleibt träge und denkt sich: »Wozu für andere da sein? Das ist doch zwecklos.« Wie schädlich ist der Pessimismus, die ständige Schwarzseherei, dieser Refrain, dass nichts wieder wird, wie es war! Wenn man so denkt, wird eines ganz sicher nicht wieder werden: die Hoffnung.

Diese drei Götzen – der Götze Spiegelbild; der Götze Lamento (»Nur wenn ich lamentiere, fühle ich mich wie ein Mensch!«); und der Götze Negativität (»Alles ist schwarz, alles ist finster!«) – stürzen uns in einen *Mangel an Hoffnung*. Dabei hätten wir es so nötig, das Geschenk des Lebens zu würdigen, das Geschenk, das jeder von uns ist. Deshalb brauchen wir den Heiligen Geist, das Geschenk Gottes, der uns von den drei Götzen heilt: uns heilt vom Spiegel, vom Lamento und von der Finsternis.

Der Individualismus

Der Individualismus macht uns weder freier noch gleicher noch brüderlicher. Die nackte Summe der individuellen Interessen vermag keine Welt hervorzubringen, die für die ganze Menschheit besser ist. Und sie kann uns auch nicht vor den vielen, zunehmend globalen Übeln bewahren. Der radikale Individualismus ist vielmehr ein Virus: das Virus, das am schwierigsten zu besiegen ist. Er täuscht. Er macht uns glauben, dass alles darauf aufbaut, den eigenen Ambitionen freien Lauf zu lassen – als ob wir das Gemeinwohl aufbauen könnten, indem wir individuelle Ambitionen und Sicherheiten anhäufen.

Es gibt eine schlimmere Seuche als Covid

Wenn wir einen Bruder oder eine Schwester bei einem Fehler beobachten, einem Irrtum, einem Versehen, dann gehen wir in der Regel als Erstes zu den anderen und erzählen es ihnen: Wir tratschen. Tratsch verschließt unser Herz gegenüber der Gemeinschaft, verschließt die Einheit der Kirche. Der Tratscher schlechthin ist der Teufel, der immer hingeht und schlecht über die anderen redet, weil er ein Lügner und darauf aus ist, die Kirche zu entzweien, die Brüder und Schwestern auseinanderzubringen, statt Gemeinschaft zu stiften. Brüder und Schwestern, bitte: Wir wollen uns bemühen, nicht zu tratschen. Tratsch ist eine schlimmere Seuche als Covid! Bemühen wir uns: kein Tratsch. Wenn ein Bruder oder eine Schwester einen Fehler macht, dann braucht es Schweigen und Gebet, aber keinen Tratsch.

Über niemanden richten

Die Sanftmut innerhalb der Gemeinschaft – dass man dem anderen den Platz überlässt – ist eine Tugend, die ein bisschen in Vergessenheit geraten ist. Die Sanftmut hat viele Feinde, angefangen beim Tratsch: wenn man lieber schlecht über den anderen redet, ein bisschen über ihn herzieht. Das sind alltägliche Dinge, die allen passieren, auch mir.

Es sind Versuchungen des Bösen, der nicht will, dass der Geist zu uns kommt und Frieden und Sanftmut in den christlichen Gemeinden stiftet. Wir kommen in eine Pfarrei und stellen fest, dass es Streit gibt: die Katechetinnen gegen die Caritas-Damen ... Immer sind da diese Streitigkeiten. Auch in der Familie oder im Wohnviertel. Selbst unter Freunden. Das ist nicht das neue Leben. Wenn der Heilige Geist kommt, dann lässt er uns zu neuem Leben geboren werden, dann macht er uns sanftmütig und gütig.

Wir sollen über niemanden richten: Der einzige Richter ist der Herr. Wenn es uns mit der Gnade des Geistes gelingt, niemals zu tratschen, dann ist das ein großer Schritt vorwärts. Und wird allen guttun.

Die Versuchung des »hätte ich doch ...«

Wenn wir auf unser Leben blicken, sehen wir allzu oft nur das, was uns fehlt, und dann beklagen wir uns darüber. Wir erliegen der Versuchung des »hätte ich doch ...«: Hätte ich doch jene Arbeitsstelle, hätte ich doch jenes Haus, hätte ich doch Geld und Erfolg, hätte ich doch jenes Problem nicht, hätte ich doch ein besseres Umfeld! Doch die Illusion des »hätte« hindert uns daran, das Gute zu sehen, und lässt uns unsere Talente vergessen. Ja, *jenes dort* hast du nicht, aber du hast *dieses hier*, und das »hätte« lässt uns das vergessen. Gott hat uns unsere Talente anvertraut, weil er jeden von uns kennt und weiß, wozu wir imstande sind; er vertraut uns trotz unserer Schwächen. Er vertraut sogar jenem Knecht, der sein Talent vergräbt: Gott hofft, dass auch er trotz seiner Ängste das, was er bekommen hat, gut verwenden wird. Kurzum, der Herr fordert uns auf, die gegenwärtige Zeit zu investieren: ohne Nostalgie und in tätiger Erwartung seiner Wiederkehr. Diese üble Nostalgie ist wie ein schwarzer Saft, der uns die Seele vergiftet und uns immer zurückblicken, immer auf die anderen schielen, aber nie das sehen lässt, was wir selbst in Händen halten, die Handlungsmöglichkeiten, die der Herr uns gegeben hat, unsere Situation, auch unsere Armut.

Willst du den Hass mit ins Grab nehmen?

Wie viel Leid, wie viele Verletzungen, wie viele Kriege könnten verhindert werden, wenn wir die Vergebung und die Barmherzigkeit zu unserem Lebensstil machen würden! Auch in der Familie: Wie viele zerrissene Familien können einander nicht verzeihen, wie viele Brüder und Schwestern tragen diesen Groll in ihrem Innern. Wir müssen die barmherzige Liebe auf alle menschlichen Beziehungen anwenden: zwischen den Eheleuten, zwischen Eltern und Kindern, in unseren Gemeinden, in der Kirche und auch in der Gesellschaft und in der Politik.

Heute Morgen, als ich die Messe gefeiert habe, hat mich ein Satz aus der ersten Lesung, aus dem Buch Sirach, so getroffen, dass ich einen Moment innehalten musste. Der Satz geht so: »Denke an die letzten Dinge und beende die Feindschaft.« Was für ein schöner Satz! Denk an die letzten Dinge! Denke daran, dass du im Grab liegen wirst ... willst du den Hass mit ins Grab nehmen? Denk an das Ende und hör auf zu hassen! Vergiss deinen Groll. Merken wir uns diesen berührenden Satz: »Denke an die letzten Dinge und beende die Feindschaft.«

Vergeben ist nicht leicht, denn in den ruhigen Momenten sagt man sich: »Ja, der hat mir alles Mögliche angetan, aber ich ihm auch. Besser, ich vergebe ihm, damit er mir vergibt.« Aber dann kommt der Groll zurück wie eine lästige Fliege, die immer und immer und immer wieder zurückkommt ... Vergeben ist nicht die Sache eines Augenblicks, es ist ein beständiges Arbeiten gegen den Groll, gegen diesen hartnäckigen Hass. Denken wir an das Ende und hören wir auf zu hassen!

Sich impfen lassen gegen die Epidemie der Gleichgültigkeit

Unser Mitleid ist der beste Impfstoff gegen die Epidemie der Gleichgültigkeit. »Das geht mich nichts an«, »Das betrifft mich nicht«, »Da mische ich mich nicht ein«, »Das ist seine Angelegenheit«: Das sind die Symptome der Gleichgültigkeit. Es gibt ein schönes Foto, das ein römischer Fotograf gemacht hat und das jetzt in der *Elemosineria*[6] hängt. Darauf sieht man eine Frau in einem gewissen Alter, die im Winter spätabends aus einem Luxusrestaurant kommt, im Pelz, mit Hut, Handschuhen, gut geschützt gegen die Kälte. Sie kommt heraus, nachdem sie gut gegessen hat – gut zu essen ist keine Sünde! –, und da, an der Tür, steht eine zweite Frau, mit einer Krücke, schlecht gekleidet, man sieht, dass sie friert ... eine Obdachlose mit ausgestreckter Hand ... Und die Frau mit dem Pelz blickt in die andere Richtung. Das Foto trägt den Titel: *Gleichgültigkeit*. Als ich es gesehen habe, habe ich den Fotografen angerufen und ihm gesagt: »Das haben Sie gut gemacht, dass sie diesen Moment eingefangen haben«, und dann habe ich ihn gebeten, es in der *Elemosineria* aufzuhängen. Damit wir nicht in Gleichgültigkeit verfallen. Ein mitleidiger Mensch dagegen sagt nicht: »Du bist mir gleichgültig«, sondern: »Du bist mir wichtig«. Oder wenigstens: »Du berührst mein Herz«. Doch Mitleid ist nicht bloß ein schönes Gefühl oder Getue: Mitleid heißt, eine neue Beziehung zum anderen herzustellen. Sich seiner anzunehmen wie der barmherzige Samariter, der sich, *von Mitleid bewegt*, um jenen Unglücklichen gekümmert hat, den er nicht einmal kannte (vgl. Lk 10,33–34). Die Welt braucht diese kreative und aktive Nächstenliebe: Menschen, die nicht vor dem Bildschirm hocken und Kommentare abgeben, sondern sich die Hände schmutzig machen, um die Erniedrigung aus der Welt zu schaffen und die Würde wiederherzustellen. Mitleidig zu sein heißt, dass ich mich entscheide, keine Feinde zu haben, sondern in jedem *meinen Nächsten* zu sehen. Mitleidig zu sein ist eine Entscheidung.

Vegetieren

Ich erlaube mir, an die Mahnung des seligen Pier Giorgio Frassati zu erinnern, der ein Jugendlicher war wie ihr: »Leben, nicht vegetieren!« Leben!

Ihr wisst, wie schlimm es ist, einen jungen Menschen zu sehen, der »statisch« ist. Er lebt zwar, aber er lebt – erlaubt mir den Ausdruck – wie eine Pflanze: Er macht dies und das, aber sein Leben ist nicht in Bewegung, es ist statisch. Es tut mir im Herzen weh, junge Menschen zu sehen, die mit 20 in Rente gehen! Ja, sie sind vor der Zeit gealtert …

Die Versuchung der langen Bank

Wie oft – wie oft! – gleicht unser Leben einer langen Bank, weil wir die Dinge aufschieben. Auch das geistliche Leben! Zum Beispiel: »Ich weiß, dass es mir guttut, zu beten, aber heute habe ich keine Zeit …«, oder: »Ich weiß, dass es wichtig ist, den anderen zu helfen. Ja, das muss ich machen: Ich mache es morgen.« Morgen, morgen, morgen … Immerzu schieben wir die Dinge auf. Maria dagegen lädt uns ein, nichts aufzuschieben, sondern »ja« zu sagen. »Soll ich beten? Ja.« Und dann bete ich. »Soll ich den anderen helfen? Ja. Wie soll ich das tun? Ich tue es einfach.« Ohne es aufzuschieben. Jedes Ja fällt uns schwer, aber kein Ja kostet uns so viel, wie sie jenes mutige, prompte Ja, jenes »mir geschehe nach deinem Wort« gekostet hat, das uns das Heil brachte.

Spirituelle Trägheit

Wir müssen uns vor der spirituellen Trägheit in Acht nehmen: Wir fühlen uns ganz wohl mit unseren Gebeten und Liturgien, und das genügt uns. Nein! Beten heißt nie, den Anstrengungen des Lebens aus dem Weg zu gehen; das Licht des Glaubens ist nicht dazu da, eine schöne spirituelle Emotion zu erzeugen. Nein, das ist nicht die Botschaft Jesu. Wir sind aufgerufen, die Erfahrung der Begegnung mit Christus zu machen, damit wir von seinem Licht erleuchtet werden und es überallhin bringen und überall strahlen lassen können. Kleine Lichter in den

Herzen der Menschen zu entzünden, selbst kleine Lampen des Evangeliums zu sein, die ein bisschen Liebe und ein bisschen Hoffnung bringen: das ist die Sendung des Christen.

Möchtest du deinen Abdruck im Leben oder nur auf der Couch hinterlassen?

Im Leben gibt es eine gefährliche Lähmung, die oft schwierig zu diagnostizieren ist. Sie einzugestehen fällt uns schwer. Ich nenne sie gerne die »Couch-Lähmung«. Ja, zu glauben, dass wir eine schöne Couch brauchen, um glücklich zu sein. Eine Couch, die uns Ruhe, Bequemlichkeit und Sicherheit gibt. Eine Couch, wie man sie heute hat, mit eingebauter Massagefunktion, die uns viele ruhige Stunden garantiert, in denen wir uns in die Welt der Videospiele oder in die Chaträume flüchten können. Eine Couch gegen jede Art von Schmerz oder Angst. Die uns zuhause festhält, wo wir uns weder anstrengen noch Sorgen machen müssen. Dieses »Couch-Glück« ist von allen schleichenden Lähmungserscheinungen vermutlich die, die uns den größten Schaden zufügen, die der Jugend den größten Schaden zufügen kann. »Und warum ist das so, *Padre*?« Weil wir uns ganz allmählich und unmerklich einschläfern, betäuben, einlullen lassen. Natürlich, für viele sind eingeschläferte und eingelullte Jugendliche, die das Glück mit einer Couch verwechseln, bequemer als aufgeweckte junge Menschen, die begierig sind, zu antworten: auf den Traum Gottes zu antworten und auf alle Sehnsüchte des Herzens. Ich frage euch: Wollt ihr euch einschläfern, betäuben, einlullen lassen? Wollt ihr, dass andere über eure Zukunft entscheiden? Oder wollt ihr frei sein und wach und für eure Zukunft kämpfen?

Die Wahrheit ist eine andere, liebe Jugendliche: Wir sind nicht auf diese Welt gekommen, um zu »vegetieren«, um es uns gemütlich zu machen, um das Leben in eine Couch zu verwandeln, im Gegenteil: Wir sind gekommen, um einen Abdruck zu hinterlassen. Es ist sehr traurig, durchs Leben zu gehen, ohne einen Abdruck zu hinterlassen. Aber wenn wir uns für die Bequemlichkeit entscheiden, wenn wir Glück mit Konsum verwechseln, dann zahlen wir einen hohen, einen sehr teuren Preis: Wir verlieren unsere Freiheit. Das ist der Preis. Es gibt viele, die wollen, dass die Jugendlichen nicht frei sind; es gibt viele, die nichts Gutes für euch wollen, die euch eingeschläfert, betäubt, eingelullt wollen, aber nicht frei. Nein, das nicht! Wir müssen unsere Freiheit verteidigen!

Die Selbstrechtfertigung

Es gibt Christen, die einen anderen Weg einschlagen: den der Rechtfertigung aus eigener Kraft, den der Anbetung des menschlichen Willens und der eigenen Fähigkeiten. Dieser Weg äußert sich in einer egozentrischen und elitären Selbstgefälligkeit, der es an echter Liebe fehlt. Er drückt sich in vielen, scheinbar unterschiedlichen Haltungen aus: obsessiver Gesetzestreue; dem Hang, soziale und politische Errungenschaften zur Schau zu stellen; ostentativer Sorge um die Liturgie, die Lehre und das Ansehen der Kirche; Eitelkeit auf dem Gebiet der praktischen Durchführung; Faszination für die Dynamiken der Selbsthilfe und der selbstbezüglichen Verwirklichung. Darauf verwenden manche Christen ihre Kraft und ihre Zeit, statt sich vom Geist auf den Weg der Liebe führen zu lassen, sich für die Weitergabe der Schönheit und Freude des Evangeliums zu begeistern und in der unüberschaubaren Schar der nach Christus Dürstenden die zu suchen, die verlorengegangen sind.

Das Übel der Gewohnheit

Die Gewohnheit verführt uns und sagt uns, dass es keinen Sinn hätte, die Dinge verändern zu wollen; dass wir gegen diese Situation nichts tun können; dass es schon immer so gewesen ist und wir trotzdem überlebt haben. Diese Gewöhnung ist der Grund dafür, dass wir uns dem Bösen nicht mehr entgegenstellen und die Dinge laufenlassen, »wie sie eben laufen« oder wie sie nach dem Willen einiger laufen sollen. Lassen wir zu, dass der Herr kommt und uns aufweckt, dass er uns aus unserer Starre aufrüttelt, uns von unserer Trägheit befreit. Wehren wir uns gegen die Gewohnheit, machen wir die Augen und die Ohren und vor allem das Herz weit auf, um uns von dem, was um uns herum geschieht, und vom Ruf des Auferstandenen, von seinem lebendigen und wirksamen Wort bewegen zu lassen.

Die Gefahr, zurückzuweichen

»Wir aber gehören nicht zu denen, die zurückweichen (*hypostoles*)«, sagt der Verfasser des Hebräerbriefs (Hebr 10,39). »Wir aber gehören nicht zu denen, die zurückweichen«, lautet der Rat, den er uns gibt: Wir nehmen keinen Anstoß, weil auch Jesus keinen Anstoß daran genommen hat, dass seine frohe Heilsverkündigung an die Armen nicht ungestört, sondern inmitten des Geschreis und der Drohungen derer erklang, die sein Wort nicht hören oder es legalistisch verkürzen wollten.

Wir nehmen keinen Anstoß, weil auch Jesus keinen Anstoß daran genommen hat, dass er inmitten der moralistischen, legalistischen und klerikalistischen Diskussionen und Kontroversen, die immer dann aufkamen, wenn er Gutes tat, Kranke heilen und Gefangene befreien musste.

Wir nehmen keinen Anstoß, weil auch Jesus keinen Anstoß daran genommen hat, dass er inmitten von Menschen, die ihre Augen verschlossen oder in die andere Richtung blickten, um nichts sehen zu müssen, Blinden das Augenlicht wiedergeben musste.

Wir nehmen keinen Anstoß, weil auch Jesus keinen Anstoß daran genommen hat, dass er ein Gnadenjahr des Herrn ausrief – ein Jahr, das die ganze Geschichte umfasst – und damit einen öffentlichen Skandal auslöste, der heute allenfalls auf der dritten Seite einer Provinzzeitung Erwähnung fände.

Und wir nehmen keinen Anstoß, weil die Verkündigung des Evangeliums ihre Wirksamkeit nicht aus unseren wortgewaltigen Reden, sondern aus der Kraft des Kreuzes schöpft (vgl. 1 Kor 1,17).

Wenn Schlafen gefährlich ist

Wach zu bleiben ist nicht leicht, es ist sogar sehr schwer: Nachts ist es nur natürlich, zu schlafen. Die Jünger Jesu schaffen es nicht, obwohl er ihnen gesagt hatte, dass sie »am Abend«, »um Mitternacht«, »beim Hahnenschrei« und »frühmorgens« wachsam sein sollten (vgl. Mk 13,35). Das sind genau die Zeiten, in denen sie nicht wachsam waren: am Abend, während des Letzten Abendmahls, haben sie Jesus verraten; in der Nacht sind sie eingeschlafen; beim Hahnenschrei haben sie ihn verleugnet; und frühmorgens haben sie zugelassen, dass er zum Tod verurteilt wurde. Sie waren nicht wachsam gewesen. Sie waren eingeschlafen. Doch derselbe Schlaf kann auch uns übermannen.

1. Der Schlaf der Mittelmäßigkeit

Es gibt einen gefährlichen Schlaf: *den Schlaf der Mittelmäßigkeit*. Er kommt, wenn wir unsere erste Liebe vergessen, träge weitergehen und uns nur noch darum kümmern, ein ruhiges Leben zu haben. Doch ohne den Elan der Liebe zu Gott, ohne die Erwartung seiner Neuheit werden wir mittelmäßig, lau, weltlich. Und das zersetzt den Glauben, denn der Glaube ist das Gegenteil der Mittelmäßigkeit: Er ist brennende Sehnsucht nach Gott, die Kühnheit, immer wieder umzukehren, er ist der Mut zur Liebe und stetiges Weitergehen. Der Glaube ist kein Wasser, das löscht, er ist Feuer, das brennt; er ist kein Beruhigungsmittel für Gestresste, sondern eine Liebesgeschichte für Verliebte! Deshalb verabscheut Jesus die Lauheit mehr als alles andere (vgl. Offb 3,16). Gottes Verachtung für die Lauen ist nicht zu übersehen.

Wie also können wir aus diesem Schlaf der Mittelmäßigkeit aufwachen? Durch *die Wachsamkeit des Gebets*. Beten heißt, ein Licht in der Nacht anzuzünden. Das Gebet weckt uns aus der Lauheit eines horizontalen Lebens, es richtet unseren Blick nach oben und bringt uns in Einklang mit dem Herrn. Das Gebet gibt Gott die Möglichkeit, in unserer Nähe zu sein; deshalb befreit es von der Einsamkeit und schenkt Hoffnung. Das Gebet ist der Sauerstoff des Lebens: So, wie man nicht leben kann, ohne zu atmen, kann man nicht Christ sein, ohne zu beten. Und es braucht viele Christen, die über die Schlafenden wachen, die Anbetung und Fürsprache halten und die Finsternisse der Geschichte Tag und Nacht vor Jesus bringen, der das Licht der Welt ist. Es braucht Christen, die Anbetung halten. Der Sinn für die Anbetung ist uns ein Stück weit abhandengekommen: vor dem Herrn still zu sein und Anbetung zu halten.

2. Der Schlaf der Gleichgültigkeit

Dann ist da noch ein zweiter innerer Schlaf: *der Schlaf der Gleichgültigkeit.* Wer gleichgültig ist, für den sieht alles gleich aus, wie in der Nacht, und die Menschen in seiner Nähe kümmern ihn nicht. Wenn wir nur um uns selbst und unsere Bedürfnisse kreisen und den Bedürfnissen der anderen gegenüber gleichgültig sind, dann senkt sich die Nacht in unser Herz. Das Herz wird dunkel. Schon bald beklagen wir uns über alles, dann fühlen wir uns als Opfer all der anderen, und schließlich wittern wir überall Verschwörungen. Klagen, Opfermentalität, Verschwörungstheorien. Eine Kettenreaktion. Diese Nacht scheint heute über viele hereingebrochen zu sein, die immer nur für sich selbst Forderungen stellen und sich nicht für die anderen interessieren.

Wie können wir aus diesem Schlaf der Gleichgültigkeit aufwachen? Durch *die Wachsamkeit der Nächstenliebe.* Die Wachsamkeit des Gebets erhellt den ersten Schlaf, den der Mittelmäßigkeit oder der Lauheit. Die Wachsamkeit der Nächstenliebe weckt uns aus dem zweiten Schlaf, dem der Gleichgültigkeit. Die Nächstenliebe ist der Herzschlag des Christen: So, wie man nicht ohne Puls leben kann, kann man nicht ohne Nächstenliebe Christ sein. Manche meinen, Mitgefühl, Hilfs- und Dienstbereitschaft seien etwas für Verlierer! In Wirklichkeit ist die Nächstenliebe die einzige Garantie für den Sieg, denn sie ist schon auf die Zukunft gerichtet, auf den Tag des Herrn, wenn alles vergeht und nur die Liebe bleibt. Mit den Werken der Barmherzigkeit nähern wir uns dem Herrn.

V.

Auf Schatzsuche

Ein kreatives und suchendes Herz

In unseren Tagen kann es den Anschein haben, dass das Leben mittelmäßig und erloschen ist. Vielleicht, weil die Suche nach dem fehlt, was wirklich wichtig ist. Wir haben uns mit vermeintlich attraktiven, aber flüchtigen Dingen zufriedengegeben, mit einem glänzenden, aber trügerischen Schein, der uns letztendlich im Dunkeln zurückgelassen hat. Das Licht des Himmelreichs hingegen ist kein Feuerwerk, sondern Licht: Das Feuerwerk dauert nur einen Moment, das Licht des Himmelreichs begleitet uns ein Leben lang.

Das Himmelreich ist das Gegenteil der überflüssigen Dinge, die die Welt uns bietet, es ist das Gegenteil eines banalen Daseins: Es ist ein Schatz, der das Leben Tag für Tag erneuert und auf größere Horizonte hin ausweitet. Denn wer diesen Schatz gefunden hat, hat ein kreatives und suchendes Herz, das nicht wiederholt, sondern erfindet und neue Wege bahnt und einschlägt, die uns zur Gottesliebe, zur Nächstenliebe und zur echten Selbstliebe führen. Das Erkennungszeichen derer, die auf diesem Weg des Himmelreichs unterwegs und immer auf der Suche nach mehr sind, ist die Kreativität. Kreativität nimmt das Leben und gibt es, wieder und wieder und wieder, und sie sucht dabei nach immer neuen und anderen Weisen, dies zu tun.

Jesus, der verborgene Schatz und die kostbare Perle, kann nichts anderes als Freude hervorrufen, alle Freude der Welt: die Freude, einen Sinn für das eigene Leben zu entdecken, das freudige Bewusstsein, dass das eigene Leben teilhat am Abenteuer der Heiligkeit.

Für andere Zeit finden

Wie wichtig ist es, sein Herz zur Sorgfalt zu erziehen, die Menschen und die Dinge liebzuhaben. Damit fängt alles an: dass man sich um die anderen, um die Welt und um die Schöpfung sorgt. Es nutzt nichts, viele Menschen und viele Dinge zu kennen, wenn wir uns nicht um sie sorgen.

Es wäre schön, *Zeit für die anderen zu finden.* Zeit ist ein Reichtum, den wir alle haben, den wir aber eifersüchtig hüten, weil wir ihn nur für uns selbst verwenden wollen. Wir müssen um die Gnade bitten, Zeit zu finden: Zeit für Gott und für den Nächsten. Zeit für die, die allein sind, die leiden, die jemanden brauchen, der ihnen zuhört und sich um sie sorgt. Wenn wir Zeit finden, die wir verschenken können, werden wir überrascht sein, wie glücklich uns das macht.

In der Hoffnung leben

Von unseren Interessen angezogen – diese Erfahrung machen wir jeden Tag – und von etlichen Eitelkeiten abgelenkt laufen wir Gefahr, das Wesentliche aus dem Blick zu verlieren. Deshalb sagt der Herr allen immer wieder: »Seid wachsam!« (Mk 13,37) Seid wachsam, seid auf der Hut.

Wenn wir aber wachsam sein sollen, dann bedeutet das, dass es Nacht ist. Ja, wir leben jetzt nicht am Tag, sondern in der Erwartung des Tages, in Dunkelheit und Mühsal. Der Tag wird kommen, da wir beim Herrn sein werden. Er wird kommen, verlieren wir nicht den Mut: Die Nacht wird vergehen, der Herr wird erscheinen, er, der für uns am Kreuz gestorben ist, wird über uns richten. Wachsam sein heißt, genau das zu erwarten, heißt, sich nicht von der Entmutigung übermannen lassen: Das bedeutet *in der Hoffnung leben*. So, wie wir vor unserer Geburt von den Menschen erwartet wurden, die uns liebten, so werden wir jetzt von der Liebe selbst erwartet. Und wenn wir im Himmel erwartet werden, warum sollten wir dann mit irdischen Ansprüchen leben? Warum sollten wir uns abstrampeln für ein bisschen Geld, Ruhm, Erfolg, alles vergängliche Dinge? Warum sollten wir Zeit damit verschwenden, uns über die Nacht zu beklagen, während uns das Licht des Tages erwartet? Warum sollten wir »Gönner« suchen, um befördert zu werden und aufzusteigen, um auf der Karriereleiter einen Schritt nach oben zu machen? Das alles vergeht. Seid wachsam, sagt der Herr.

Neue Dinge

Die *Hoffnung* ist kühn, und deshalb, Brüder und Schwestern, wollen wir lernen, große Träume zu haben! Scheuen wir uns nicht, große Träume zu haben und nach den Idealen der Gerechtigkeit und der sozialen Liebe zu streben, die aus der Hoffnung erwachsen. Versuchen wir nicht, die Vergangenheit wiederaufzubauen, vor allem, wenn sie ungerecht und bereits krank war: Das Vergangene ist vergangen, uns erwarten neue Dinge. Der Herr hat es uns versprochen:

»Ich mache alles neu.«[7] Fassen wir Mut, große Träume zu haben und nach diesen Idealen zu streben. Bauen wir eine Zukunft, in der die lokale und die globale Dimension sich gegenseitig bereichern – jeder kann das Seine beitragen, jeder muss das Seine beitragen, seine Kultur, seine Philosophie, seine Denkweise –, eine Zukunft, in der die Schönheit und der Reichtum der Minderheitengruppen und auch der ausgegrenzten Gruppen aufblühen können. Denn auch dort ist Schönheit.

Die Freundschaft

Die Freundschaft ist ein Geschenk des Lebens und eine Gottesgabe. Durch Freunde lässt uns der Herr rein werden und reifen. Gleichzeitig sind treue Freunde, die uns in schwierigen Zeiten zur Seite stehen, ein Widerschein der Zuneigung des Herrn, seines Trosts und seiner liebevollen Gegenwart. Freunde zu haben lehrt uns, uns zu öffnen, Verständnis zu haben, uns um andere zu kümmern, aus unserer Bequemlichkeit und Isolation herauszukommen, das Leben zu teilen. Deshalb »gibt es für einen treuen Freund keinen Preis« (vgl. Sir 6,15).

Die Freundschaft ist keine flüchtige und vorübergehende, sondern eine stabile, feste, treue Beziehung, die mit der Zeit reifer wird. Sie ist eine Beziehung der Zuneigung, die uns ein Gefühl der Verbundenheit gibt, und gleichzeitig ist sie eine großzügige Liebe, die uns dazu bringt, für unseren Freund das Beste zu wollen. Freunde können sehr unterschiedlich sein, und doch haben sie immer ein paar Gemeinsamkeiten, die bewirken, dass sie sich einander nahe fühlen: Zwischen ihnen herrscht eine ehrlich und vertrauensvoll geteilte Nähe.

Freundschaft ist so wichtig, dass Jesus selbst sich als unser Freund bezeichnet: »Ich nenne euch nicht mehr Knechte [...]. Euch habe ich Freunde genannt« (Joh 15,15).

Vergebung und Erinnerung

Vergeben heißt nicht vergessen. Wir sagen eher, dass wir trotzdem vergeben können: auch wenn da etwas ist, das in keiner Weise geleugnet, relativiert oder verheimlicht werden kann. Wenn da etwas ist, das auf keinen Fall toleriert, gerechtfertigt oder entschuldigt werden kann, können wir trotzdem vergeben. Wenn da etwas ist, das wir unter keinen Umständen vergessen dürfen, können wir trotzdem vergeben. Die freie und aufrichtige Vergebung ist eine Größe, die die Grenzenlosigkeit der göttlichen Vergebung widerspiegelt. Wenn die Vergebung bedingungslos ist, dann kann auch dem vergeben werden, der nicht bereuen will oder unfähig ist, um Verzeihung zu bitten.

Die, die wirklich vergeben, vergessen nicht, sondern verzichten darauf, sich von derselben zerstörerischen Kraft beherrschen zu lassen, die ihnen Böses zugefügt hat. Sie durchbrechen den Teufelskreis, sie hemmen den Vormarsch der Kräfte der Zerstörung. Sie beschließen, dass sie der Gesellschaft nicht länger jene Energie der Rache einimpfen wollen, die früher oder später doch nur wieder auf sie selbst zurückfallen wird. Denn die Rache kann den Opfern nie wirklich Genüge tun. Manche Verbrechen sind so abscheulich und grausam, dass den Täter leiden zu lassen niemandem das Gefühl gibt, die Tat wäre damit gesühnt; es würde nicht einmal reichen, den Verbrecher zu töten, noch ließen sich Foltern ausdenken, die dem gleichkämen, was das Opfer womöglich durchgemacht hat. Rache ist keine Lösung, für gar nichts.

Es geht aber auch nicht um Straffreiheit. Vielmehr kann ein angemessenes Streben nach Gerechtigkeit nur aus Liebe zur Gerechtigkeit selbst erfolgen, aus Achtung vor den Opfern, zur Prävention gegen neue Verbrechen und zum Schutz des Gemeinwohls – nicht aber als vermeintliches Ventil für den eigenen Zorn. Vergebung ist ebendas, was uns in die Lage versetzt, Gerechtigkeit anzustreben, ohne dem Teufelskreis der Rache oder der Ungerechtigkeit des Vergessens zu verfallen.

Wer frei ist, bedenkt, was er tut

Freiheit heißt, dass wir in der Lage sind, über das nachzudenken, was wir tun, dass wir beurteilen können, was gut und was schlecht ist und welche Verhaltensweisen uns wachsen lassen. Freiheit heißt, sich immer für das Gute zu entscheiden. Wir sind frei für das Gute. Und ihr sollt keine Angst haben, damit gegen den Strom zu schwimmen, auch wenn das nicht leicht ist! Die Freiheit, sich immer für das Gute zu entscheiden, ist anspruchsvoll, aber sie wird euch zu Menschen machen, die ein Rückgrat haben, die sich dem Leben stellen können, Menschen mit Mut und Geduld.

Freiheit, Gleichheit, Brüderlichkeit

Brüderlichkeit ist nicht einfach das Resultat einer Situation, in der die individuellen Freiheiten respektiert werden oder eine gewisse geregelte Gleichheit herrscht. Das sind Möglichkeitsbedingungen, aber sie genügen nicht, damit die Brüderlichkeit notwendig daraus resultiert. Die Brüderlichkeit hat der Freiheit und der Gleichheit etwas Positives anzubieten. Was geschieht ohne eine bewusst kultivierte Brüderlichkeit, ohne einen politischen Willen zur Geschwisterlichkeit, der sich in einer Erziehung zur Geschwisterlichkeit, zum Dialog, zur Entdeckung einer als Wert aufgefassten Wechselseitigkeit und gegenseitigen Bereicherung äußert? Dann wird die Freiheit ausgedünnt, wird eher zu einer Möglichkeit, allein und völlig autonom zu entscheiden, ob man zu jemandem oder zu etwas gehören oder einfach nur besitzen und genießen will. Der Reichtum der Freiheit, die vor allem auf die Liebe ausgerichtet ist, ist damit aber keineswegs ausgeschöpft.

Auch die Gleichheit wird nicht durch die abstrakte Festlegung verwirklicht, dass »alle Menschen gleich sind«, sondern ist das Ergebnis einer bewusst und pädagogisch gepflegten Geschwisterlichkeit. Menschen, die nur imstande sind, Geschäftspartner zu sein, erschaffen geschlossene Welten. Was für einen Sinn kann eine Person, die nicht zum Kreis der Partner gehört, ein Neuankömmling, der von einem besseren Leben für sich und seine Familie träumt, in einem solchen Schema haben?

Dank sagen

Vor allem wollen wir nie aufhören, Dank zu sagen: Wenn wir dankbare Menschen sind, dann wird auch die Welt besser werden, vielleicht nur ein klein wenig, doch das genügt, um ihr ein bisschen Hoffnung zu schenken. Die Welt braucht Hoffnung, und mit der Dankbarkeit, mit dieser Haltung des Danksagens vermitteln wir ihr ein bisschen Hoffnung. Alles ist eins, alles ist miteinander verbunden, und jeder kann dort, wo er gerade ist, seinen Teil beitragen.

Die Freundlichkeit

Die Freundlichkeit ist eine Befreiung von der Grausamkeit, die die menschlichen Beziehungen zuweilen durchdringt, von der Unruhe, die uns davon abhält, an andere zu denken, von der zerstreuten Eile, die übersieht, dass auch die anderen ein Recht darauf haben, glücklich zu sein. Heute findet man nur selten Zeit und Kraft, innezuhalten und die anderen gut zu behandeln, »bitte«, »Entschuldigung« und »danke« zu sagen. Und doch geschieht hin und wieder das Wunder eines freundlichen Menschen, der seine Besorgungen und dringenden Angelegenheiten beiseitelegt, um aufzumerken, jemandem ein Lächeln zu schenken, ein ermutigendes Wort zu sagen und inmitten von so viel Gleichgültigkeit einen Raum des Zuhörens zu eröffnen. Diese Anstrengung vermag, wenn wir sie täglich unternehmen, jenes gesunde Miteinander zu stiften, das Unverständnis überwindet und Konflikten vorbeugt. Die Praxis der Freundlichkeit ist kein nebensächliches Detail und auch keine oberflächliche oder spießige Haltung. Sie setzt Wertschätzung und Respekt voraus, und deshalb wird sie, wenn sie in einer Gesellschaft zur Kultur wird, den Lebensstil, die sozialen Beziehungen und die Art, miteinander zu debattieren und Ideen auszutauschen, von Grund auf verändern. Sie erleichtert die Suche nach einem Konsens und eröffnet dort neue Wege, wo Erbitterung alle Brücken abbricht.

Die Keuschheit

Ich will hier nicht den Moralprediger spielen, aber ich möchte euch etwas sagen, was euch nicht gefallen wird, etwas Unpopuläres. Auch der Papst muss der Wahrheit zuliebe manchmal etwas riskieren. Die Liebe steckt in den Werken, in der Kommunikation, aber die Liebe hat großen Respekt vor den Menschen, sie benutzt die Menschen nicht. Das heißt, *die Liebe ist keusch.* Und deshalb sage ich euch jungen Menschen in dieser Welt, in dieser hedonistischen Welt, in dieser Welt, wo nur für das Vergnügen Werbung gemacht wird, dafür, eine gute Zeit zu haben, das Leben zu genießen, euch sage ich: Seid keusch, seid keusch.

Wir alle haben Zeiten durchlebt, in denen uns diese Tugend sehr schwergefallen ist, doch genau das ist der Weg einer echten Liebe, einer Liebe, die Leben schenken kann, die nicht versucht, den anderen zum eigenen Vergnügen zu benutzen. Eine solche Liebe betrachtet das Leben des anderen Menschen als heilig: Ich respektiere dich, ich will dich nicht benutzen. Das ist nicht leicht. Wir alle wissen, wie schwierig es ist, diese »leichtmacherische«[8] und hedonistische Vorstellung von der Liebe zu überwinden. Vergebt mir, wenn ich euch etwas sage, womit ihr nicht gerechnet habt, aber ich bitte euch: Gebt euch Mühe, die Liebe keusch zu leben.

Wie steht es um meine Demut?

Die Demut ist der Weg zum Himmel. Das lateinische Wort für Demut, *humilitas*, hat mit dem *Humus*, dem »Erdboden« zu tun. Das ist paradox: Um nach oben, in den Himmel, zu kommen, muss man unten auf dem Boden bleiben! Jesus lehrt: »Wer sich selbst erniedrigt, wird erhöht werden« (Lk 14,11). Gott erhöht uns nicht wegen unserer Gaben, unseres Reichtums, unserer Fähigkeiten, sondern wegen unserer Demut; Gott ist verliebt in die Demut. Gott erhöht die, die sich erniedrigen, die dienen. Denn Maria spricht von sich selbst nur als von einer Magd: Sie ist »die Magd des Herrn« (Lk 1,38). Sonst sagt sie nichts über sich, sonst strebt sie nichts für sich an.

Heute können wir uns fragen – jeder für sich, im Herzen: Wie steht es um meine Demut? Suche ich nach der Anerkennung der anderen, will ich mich beweisen und gelobt werden, oder denke ich eher ans Dienen? Kann ich zuhören wie Maria, oder will ich immer nur reden und Aufmerksamkeit bekommen? Kann ich schweigen wie Maria oder schwatze ich ständig? Kann ich einen Schritt zurücktun, um Streitereien und Diskussionen zu entschärfen, oder dränge ich mich immer in den Vordergrund? Denken wir über diese Fragen nach: Wie steht es um meine Demut?

Auch die Scham ist eine Tugend

Wir schämen uns, die Wahrheit zu sagen: Ich habe das und das getan, das und das gedacht. Doch die Scham ist eine echte christliche und auch menschliche Tugend. Die Fähigkeit, sich zu schämen, ist die Tugend der Demütigen. In Argentinien werden die, die sich nicht schämen können, *sinvergüenzas* genannt. Das sind die »Schamlosen«, die nicht in der Lage sind, sich zu schämen. Die Demut und die Sanftmut dagegen sind wie der Rahmen eines christlichen Lebens.

Jesus wartet auf uns, um uns zu vergeben. Aber der Gang zur Beichte ist kein Gang in die Folterkammer. Nein! Die Beichte ist ein Lobpreis Gottes, weil ich, der Sünder, von ihm gerettet worden bin. Wartet Gott etwa mit einem Stock auf mich? Nein, er wartet mit Zärtlichkeit, um mir zu vergeben. Und wenn ich es morgen wieder tue? Dann gehst du wieder hin und wieder und wieder und wieder. Er wartet immer auf uns.

Die Wahrheit muss behütet werden

Die Wahrheit zu behüten heißt nicht, Ideen zu verteidigen und zu Wächtern eines Systems aus Lehren und Dogmen zu werden, sondern mit Christus verbunden zu bleiben und seinem Evangelium geweiht zu sein. In der Sprache des Apostels Johannes ist die Wahrheit Christus selbst, die Offenbarung der Liebe des Vaters. Jesus betet, dass die Jünger, die in der Welt leben, sich nicht nach den Kriterien dieser Welt richten. Dass sie sich nicht von Götzen verleiten lassen, sondern seine Freunde bleiben; dass sie das Evangelium nicht auf eine menschliche und weltliche Logik zurechtbiegen, sondern seine Botschaft unversehrt bewahren. Die Wahrheit zu behüten heißt, in allen Lebenssituationen Propheten, das heißt dem Evangelium geweiht zu sein und es auch dann zu bezeugen, wenn wir dafür gegen den Strom schwimmen müssen. Zuweilen suchen wir Christen nach einem Kompromiss, doch das Evangelium fordert uns auf, in der Wahrheit und für die Wahrheit zu sein und unser Leben für die anderen hinzugeben. Und inmitten von Krieg, Gewalt und Hass dem Evangelium treu und Baumeister des Friedens zu sein heißt, sich zu engagieren, heißt, auch soziale und politische Entscheidungen zu treffen und sein Leben zu riskieren. Nur dann können sich die Dinge ändern. Der Herr braucht keine lauen Menschen: Er will, dass wir der Wahrheit und Schönheit des Evangeliums geweiht sind, damit wir – auch in der dunklen Nacht des Schmerzes und wenn das Böse scheinbar stärker ist – die Freude des Gottesreichs bezeugen können.

Die Geduld

Was ist Geduld? Ganz sicher kein bloßes Ertragen von Schwierigkeiten oder ein fatalistisches Aushalten von widrigen Umständen. Geduld ist kein Zeichen von Schwäche: Sie ist die Stärke des Geistes, die dafür sorgt, dass wir »die Last tragen«, das Gewicht der persönlichen und gemeinschaftlichen Probleme *auf uns nehmen*, das Anderssein des anderen

akzeptieren, im Guten beharrlich sind, auch wenn alles nutz-
los zu sein scheint, und weitergehen, auch wenn Überdruss
und Herzensträgheit[9] an uns zerren.

Ein einheitliches Leben

Schwester, Bruder, willst du wissen, ob Gott dein Leben berührt hat? Dann solltest du darüber nachdenken, ob du dich
zu den Wunden der anderen hinabbeugst. Heute ist der Tag,
an dem wir uns fragen wollen: »Bin ich, der ich so oft den
Frieden Gottes empfangen habe, der ich so oft seine Vergebung und seine Barmherzigkeit empfangen habe, den anderen gegenüber barmherzig? Tue ich, der ich mich so oft vom
Leib Jesu ernährt habe, etwas, um den Hunger der Armen zu
stillen?« Bleiben wir nicht gleichgültig. Leben wir keinen *halben Glauben*, der nimmt, aber nicht gibt, der sich beschenken
lässt, aber nicht selbst zum Geschenk wird. Wir haben Barmherzigkeit gefunden: Nun wollen wir selbst barmherzig sein.
Denn wenn die Liebe in uns versickert, dann vertrocknet der
Glaube und wird zu einem sterilen Intimismus.[10] Ohne die
anderen wird er fleischlos. Ohne die Werke der Barmherzigkeit stirbt er (vgl. Jak 2,17). Brüder, Schwestern, lassen wir
uns vom Frieden, von der Vergebung und von den Wunden
des barmherzigen Jesus auferwecken. Und bitten wir um die
Gnade, *Zeugen der Hoffnung* zu werden. Nur dann wird der
Glaube lebendig sein. Und das Leben eine Einheit

Lob der Genügsamkeit

Eine frei und bewusst gelebte Genügsamkeit ist befreiend. Ge-
nügsam zu leben heißt nicht, weniger oder weniger intensiv
zu leben, ganz im Gegenteil. Menschen, die jeden Augenblick

bewusster genießen und besser leben, hören auf, hier und da zu naschen und immer dem nachzujagen, was sie nicht haben; sie erfahren, was es heißt, jede Person und jede Sache zu schätzen; und sie lernen, mit den einfachsten Dingen in Berührung zu kommen und sich daran zu freuen. Dadurch können sie die Zahl ihrer nicht befriedigten Bedürfnisse reduzieren, sind weniger erschöpft und handeln weniger zwanghaft. Man kann Weniges brauchen und viel leben, vor allem, wenn man in der Lage ist, anderen Freuden Raum zu geben und in geschwisterlichen Begegnungen Zufriedenheit zu finden, im Dienen, in der Entfaltung der eigenen Charismen, in der Musik und in der Kunst, im Kontakt mit der Natur, im Gebet. Glück setzt die Fähigkeit voraus, gewisse Bedürfnisse, die uns betäuben, einzuschränken und so für die vielfältigen Möglichkeiten offenzubleiben, die das Leben uns bietet.

Das wunderbar Humane

Wenn jemand Wasser im Überfluss hat und dennoch sparsam damit umgeht, weil er an die Menschheit denkt, dann hat er ein moralisches Niveau erreicht, das es ihm ermöglicht, über sich selbst und die Gruppe, der er angehört, hinauszuwachsen. Das ist wunderbar human!

Versage dir nicht das Glück von heute!

Die christliche Freude geht normalerweise mit einem ausgeprägten Sinn für Humor einher; das sieht man zum Beispiel bei Heiligen wie Thomas Morus, Vinzenz von Paul oder Philipp Neri. Schlechte Laune ist kein Zeichen von Heiligkeit: »Vertreibe den Ärger aus deinem Sinn« (Koh 11,10). Was uns der Herr »zum Genuss« schenkt (1 Tim 6,17), ist so reichlich, dass die Traurigkeit zuweilen ein Zeichen von Undankbarkeit ist: Wir kreisen so sehr um uns selbst, dass wir unfähig sind, die Gaben Gottes zu sehen.

Seine väterliche Liebe lädt uns ein: »Mein Sohn, […] gönne dir etwas Gutes […]. Versage dir nicht das Glück von heute« (Sir 14,11.14). Er will, dass wir positiv sind, dankbar und nicht allzu kompliziert: »Am guten Tag sei guter Dinge […]. Gott hat die Menschen aufrichtig geschaffen; aber sie versuchen sich in vielerlei Künsten«. Jedenfalls sollen wir uns einen flexiblen Geist bewahren und es so machen wie der heilige Paulus: »Ich habe nämlich gelernt, mich mit meiner Lage abzufinden« (Phil 4,11). Das hat der heilige Franziskus von Assisi gelebt, der aus lauter Dankbarkeit für ein hartes Stück Brot von Rührung ergriffen werden oder aus lauter Glück über einen leichten Wind, der sein Gesicht streichelte, Gott ein Loblied singen konnte.

Ich spreche hier nicht von der konsumistischen und individualistischen Freude, die einige kulturelle Erfahrungen unserer Zeit so spürbar prägt. Der Konsumismus stopft einfach alles ins Herz hinein; er mag gelegentliche und flüchtige Vergnügungen bieten, aber keine Freude. Ich meine vielmehr jene Freude, die man in der Gemeinschaft lebt, die man teilt und austeilt, denn »Geben ist seliger als Nehmen« (Apg 20,35), und »einen fröhlichen Geber hat Gott lieb« (2 Kor 9,7). Die geschwisterliche Liebe vervielfacht unsere Fähigkeit zur Freude, weil sie uns befähigt, uns am Glück der anderen zu freuen: »Freut euch mit den Fröhlichen« (Röm 12,15). »Wir freuen uns ja, wenn wir schwach sind, ihr aber stark seid« (2 Kor 13,9). Wenn wir uns hingegen in erster Linie auf unsere eigenen Bedürfnisse konzentrieren, verurteilen wir uns dazu, nur wenig Freude zu erleben.

Über allem ist die Liebe

Menschen können Haltungen entwickeln, die sie als moralische Werte präsentieren: Stärke, Genügsamkeit, Fleiß und andere Tugenden. Doch um die Akte der verschiedenen moralischen Tugenden in die richtige Richtung zu lenken, muss man auch darauf achten, inwiefern sie im Hinblick auf andere Menschen eine Dynamik der Öffnung und der Einheit verwirklichen. Diese Dynamik ist die Liebe, die Gott uns eingießt. Ohne sie haben wir womöglich nur Scheintugenden, mit denen sich kein gemeinsames Leben aufbauen lässt.

Das spirituelle Format eines menschlichen Lebens definiert sich über die Liebe, die in letzter Konsequenz das Kriterium für die endgültige Entscheidung über den Wert eines Menschenlebens ist.

Der heilige Thomas von Aquin hat versucht, die Erfahrung der Liebe, die Gott durch seine Gnade ermöglicht, genauer zu bestimmen, und sie als eine Regung beschrieben, bei der Liebende den anderen als »eins mit ihm selbst«[11] in den Blick nimmt. Die liebevolle Aufmerksamkeit, die wir dem anderen schenken, ruft eine Einstellung hervor, die uns nach seinem Wohl streben lässt, ohne eine Gegenleistung zu erwarten. Das alles beginnt mit einer Würdigung, einer Wertschätzung, die letztendlich das ist, was sich hinter dem Wort Liebe, *caritas*, verbirgt: Der geliebte Mensch ist *carus*, ist mir teuer, das heißt, er hat einen großen Wert für mich. Liebe ist mehr als bloß eine Reihe wohltätiger Handlungen. Die Handlungen erwachsen aus einer Bindung und wachsenden Zuneigung zum anderen, der über den physischen oder moralischen Anschein hinaus als kostbar, würdig, angenehm und schön wahrgenommen wird. Die Liebe zum anderen um seiner selbst willen drängt uns, für sein Leben das Beste zu wollen. Nur wenn wir diese Art, zueinander in Beziehung zu treten, kultivieren, werden wir die soziale Freundschaft, die niemanden ausschließt, und die Geschwisterlichkeit ermöglichen, die allen offensteht.

Freude ist ansteckend

Der heilige Thomas hat gesagt: »*Bonum est diffusivum sui*« – das ist kein sehr schwieriges Latein! –, das Gute breitet sich aus. Und auch die Freude breitet sich aus … Freude, wahre Freude, ist ansteckend; sie steckt an … Sie bringt uns dazu, weiterzugehen. Wenn du aber einem Seminaristen begegnest, der sehr ernst ist, sehr traurig, oder einer Novizin, die so ist, dann denkst du dir: Hier stimmt etwas nicht! Es fehlt die Freude des Herrn, die Freude, die dich dienen lässt, die Freude der Begegnung mit Jesus, die dich die Begegnung mit den anderen suchen lässt, um Jesus zu verkündigen. Das fehlt! An der Traurigkeit ist nichts Heiliges. Die heilige Teresa hat gesagt: »Ein Heiliger, der traurig ist, ist ein trauriger Heiliger!« Das ist wenig … Wenn du einem Seminaristen begegnest, einem Priester, einer Ordensfrau, einer Novizin, die ein langes, trauriges Gesicht zieht, die so aussieht, als hätten sie ihr eine nasse Decke über ihr Leben geworfen, eine von diesen schweren Decken, die dich runterziehen … Dann stimmt etwas nicht! Bitte, seid keine Nonnen, keine Priester, die ein Gesicht machen wie eine »saure Chilischote«, niemals!

Sich als klein erkennen, um groß zu werden

Sich im Leben als klein zu erkennen ist ein Ausgangspunkt, um groß zu werden. Wenn wir darüber nachdenken, wird uns bewusst, dass wir nicht so sehr an unseren Erfolgen und an dem, was wir haben, sondern vor allem in den Zeiten des

Kampfs und der Schwäche wachsen. Dort, in der Not, reifen wir; dort öffnen wir unser Herz für Gott, für die anderen, für den Sinn des Lebens. Wir öffnen die Augen für die anderen. Wenn wir vor einem Problem stehen und uns klein fühlen, uns klein fühlen vor einem Kreuz, einer Krankheit, wenn wir uns erschöpft und einsam fühlen, dürfen wir nicht den Mut verlieren. Die Maske der Oberflächlichkeit fällt, und unsere radikale Schwäche wird wieder sichtbar: Das ist unsere gemeinsame Basis, unser Schatz, denn bei Gott sind Schwächen keine Hindernisse, sondern Chancen.

Steh auf und werde, was du bist!

Heute gibt es oft »Vernetzung«, aber keine Kommunikation. Eine unausgewogene Verwendung von elektronischen Geräten kann dazu führen, dass wir ständig an irgendeinem Bildschirm kleben. Mit dieser Botschaft möchte ich auch zu einer kulturellen Wende herausfordern – ausgehend von dem, was Jesus zu dem toten Sohn der Witwe von Naïn gesagt hat: »Steh auf!« In einer Kultur, die es gerne hätte, dass die Jugendlichen sich isolieren und in virtuelle Welten zurückziehen, wollen wir dieses Jesuswort in Umlauf bringen: »Steh auf!« Es ist eine Einladung, sich einer Wirklichkeit zu öffnen, die weit über das Virtuelle hinausgeht. Das heißt nicht, dass wir die Technologie verachten sollen: Wir sollen sie benutzen, aber als Mittel und nicht als Zweck. »Steh auf!« heißt auch: »Träume!«, »Riskier etwas!«, »Setz dich ein, um die Welt zu verändern!«, lass deine Sehnsüchte wiederaufleben, betrachte den Himmel, die Sterne, die Welt um dich herum. »Steh auf und werde, was du bist!«

VI.

Und wenn der
Schmerz kommt?

Wenn wir im Sturm sind

Das Boot, auf dem die Jünger den See überqueren, wird vom Wind und von den Wellen bedrängt, und sie haben Angst, unterzugehen. Jesus ist bei ihnen auf dem Boot, aber er liegt im Heck auf einem Kissen und schläft. Voller Angst rufen die Jünger ihm zu: »Meister, liegt dir nichts daran, dass wir zugrunde gehen?«[12]

Wie oft schreien auch wir zum Herrn, wenn uns die Prüfungen des Lebens bedrängen: »Warum schweigst du und hilfst mir nicht?« Vor allem dann, wenn wir unterzugehen meinen, weil eine Beziehung oder ein Projekt, in das wir große Hoffnungen gesetzt hatten, geplatzt ist; oder wenn wir den beständigen Wellen der Angst ausgeliefert sind; oder wenn wir das Gefühl haben, dass die Probleme über unserem Kopf zusammenschlagen oder dass wir uns ohne Kurs und ohne Hafen mitten auf dem Meer des Lebens verirrt haben. Oder auch in Zeiten, wo die Kraft zum Weitergehen schwindet, weil wir keine Arbeit haben oder eine unerwartete Diagnose uns um unsere eigene Gesundheit oder die eines geliebten Menschen fürchten lässt. Es gibt viele

Momente, in denen wir uns fühlen wie in einem Sturm, praktisch am Ende.

In solchen und in vielen anderen Situationen haben auch wir das Gefühl, dass die Angst uns erstickt, und laufen Gefahr, genau wie die Jünger das Wichtigste aus den Augen zu verlieren. Denn auf dem Boot *ist Jesus*, auch wenn er schläft, und er teilt alles, was geschieht, mit den Seinen. So etwas geschieht auch in unserem Leben: »Herr, rette uns!« – und das Gebet wird zum Schrei.

Heute können wir uns fragen: Welche Winde brechen über mein Leben herein, welche Wellen hindern mich am Navigieren und bringen mein geistliches Leben, mein Familienleben oder auch mein seelisches Gleichgewicht in Gefahr? Das ist der Beginn unseres Glaubens: zu erkennen, dass wir uns nicht allein über Wasser halten können, dass wir Jesus brauchen wie die Seefahrer die Sterne, um den Kurs zu finden. Der Glaube beginnt mit dem Glauben, dass wir uns nicht selbst genügen, mit dem Gefühl, *auf Gott angewiesen zu sein*. Wenn wir die Versuchung besiegen, uns zu verschließen, kann er in uns Wunder wirken. Das ist die sanfte und außerordentliche Kraft des Gebets, die Wunder wirkt.

Niemand ist gegen Leid gefeit

Wir alle brauchen Trost, denn niemand ist gegen Leid, Schmerz und Unverständnis gefeit. Wie schmerzhaft kann ein Wort des Grolls sein, das aus Neid, Eifersucht und Zorn geboren ist! Wie viel Leid verursacht die Erfahrung des Verrats, der Gewalt und der Treulosigkeit; wie viel Bitterkeit empfinden wir, wenn liebe Menschen sterben! Und doch ist Gott niemals fern, wenn wir solche Tragödien erleben. Ein

Wort, das dich aufmuntert, eine Umarmung, die dir das Gefühl gibt, verstanden zu werden, eine Zärtlichkeit, die dich die Liebe spüren lässt, ein Gebet, das dich stärkt ... das alles sind Zeichen dafür, dass in dem Trost, den unsere Mitmenschen uns spenden, Gott selbst uns nahe ist.

Aus dem Grab kommt keiner wieder heraus ... Aber Jesus ist herausgekommen!

In der Osternacht haben wir ein Grundrecht erworben, das uns nie wieder genommen werden wird: *das Recht auf Hoffnung*. Es ist eine neue, lebendige Hoffnung, die von Gott kommt: kein bloßer Optimismus, kein Schulterklopfen oder eine beiläufige Ermutigung mit einem flüchtigen Lächeln, nein: Es ist ein Himmelsgeschenk, das wir uns nicht allein hätten verschaffen können. *Alles wird gut*, sagen wir uns immer und immer wieder in diesen Wochen,[13] und dabei klammern wir uns an die Schönheit unseres Menschseins und lassen ermutigende Worte in unserem Herzen aufsteigen. Doch wenn die Tage vergehen und die Ängste zunehmen, kann auch die kühnste Hoffnung verdunsten. Die Hoffnung Jesu ist anders. Sie senkt uns die Gewissheit ins Herz, dass Gott alles zum Guten zu wenden vermag, weil er sogar aus dem Grab Leben erstehen lässt.

Das Grab ist ein Ort, aus dem man nicht wieder herauskommt, wenn man erst einmal darin liegt. Doch Jesus ist für uns herausgekommen, er ist für uns auferstanden: um Leben zu bringen, wo Tod war; um eine Geschichte, die unter einem Stein begraben war, neu beginnen zu lassen. Er, der die schwere Felsplatte vor dem Grab umgestürzt hat, kann auch die Steine fortnehmen, die uns das Herz verschließen. Deshalb wollen wir nicht resignieren und die Hoffnung nicht unter einem Stein begraben. Wir können und wir müssen hoffen, denn Gott ist treu. Er hat uns nicht alleingelassen, er hat uns besucht: Er ist in jeder Situation zu uns gekommen, im Schmerz, in der Angst, im Tod. Sein Licht hat die Dunkelheit des Grabes erhellt: Heute will er die dunkelsten Ecken des Lebens erreichen. Schwester, Bruder, auch wenn du die Hoffnung in deinem Herzen begraben hast, gib nicht auf: Gott ist größer. Dunkelheit und Tod haben nicht das letzte Wort. Fasse Mut, mit Gott ist nichts verloren!

Auch der Papst erlebt schwere Zeiten

Einmal, in einer sehr dunklen Zeit in meinem Leben, habe ich den Herrn um eine Gnade gebeten: dass er mich aus einer sehr schweren und schwierigen Situation befreien möge. Das war eine dunkle Zeit. Ich hielt Exerzitien für einige Ordensfrauen, und am letzten Tag kamen sie zur Beichte, wie es damals üblich war. Eine der Schwestern war schon sehr alt, sie hatte helle, geradezu leuchtende Augen. Sie war eine Frau Gottes. Nachdem sie gebeichtet hatte, verspürte ich den Drang, sie um ihr Gebet zu bitten, und so sagte ich zu ihr: »Schwester, als Buße beten Sie für mich, denn ich brauche eine Gnade. Bitten Sie den Herrn für mich darum. Wenn Sie ihn darum bitten, wird er sie mir ganz sicher gewähren.« Sie schwieg, hielt eine ganze Zeitlang inne, als würde sie beten, und dann sah sie mich an und sagte: »Der Herr wird Ihnen diese Gnade ganz sicher gewähren, aber täuschen Sie sich nicht: Er wird sie Ihnen auf seine göttliche Weise gewähren.« Das hat mir sehr gutgetan: zu hören, dass der Herr uns immer gibt, worum wir ihn bitten, aber dass er das auf seine göttliche Weise tut. Diese

Weise beinhaltet das Kreuz. Nicht aus Masochismus, sondern aus Liebe, aus Liebe bis zum Ende.

Wer nicht weinen kann, ist kein guter Christ

Die große Frage, die alle sich stellen: Warum leiden die Kinder? Warum? Erst wenn es dem Herzen gelingt, sich die Frage zu stellen und zu weinen, können wir etwas verstehen. Es gibt ein weltliches Mitleid, das zu nichts zu gebrauchen ist! Ein Mitleid, das uns allenfalls dazu bringt, ins Portemonnaie zu greifen und eine Münze zu geben. Wenn Christus diese Art von Mitleid gehabt hätte, hätte er drei oder vier Leute geheilt und wäre dann zum Vater zurückgekehrt. Erst als Christus geweint hat und weinen konnte, hat er unsere Tragödien verstanden.

Die heutige Welt weint zu wenig! Die Ausgegrenzten weinen, die ins Abseits Gestellten weinen, die Verachteten weinen, aber die, die ein mehr oder weniger bedürfnisloses Leben führen, können nicht weinen. Gewisse Gegebenheiten des Lebens sehen wir erst, wenn die Tränen uns die Augen reingewaschen haben. Ich fordere jeden von euch auf, sich zu fragen: Habe ich gelernt zu weinen? Wenn ich ein hungerndes Kind sehe, ein drogensüchtiges Kind auf der Straße, ein Kind, das kein Zuhause hat, ein verlassenes Kind, ein missbrauchtes Kind, ein Kind, das für die Gesellschaft versklavt wird? Oder vergieße ich nur die kapriziösen Tränen eines Menschen, der noch etwas mehr haben will? Das ist das Erste, was ich euch sagen möchte: Wir müssen lernen zu weinen.

Jesus hat im Evangelium geweint, er hat um seinen toten Freund geweint. Er hat in seinem Herzen um jene Familie geweint, die ihre Tochter verloren hatte. Er hat in seinem Herzen geweint, als er jene arme verwitwete Mutter sah, die ihren Sohn zum Friedhof brachte. Er wurde von Mitleid ergriffen und hat im Herzen geweint, als er die Menschenmenge sah, die wie Schafe ohne Hirten waren. Wenn ihr nicht zu weinen lernt, seid ihr keine guten Christen. Und das ist eine Herausforderung. Seid mutig, habt keine Angst zu weinen!

Auch in der Trauer vertrauen

Die zweite Seligpreisung lautet: »Selig die Trauernden; denn sie werden getröstet werden.« (Mt 5,4) Diese Worte scheinen widersprüchlich, denn die Trauer ist kein Zeichen von Freude oder Glück. Ursachen von Trauer und Leid sind Tod, Krankheit, moralische Nöte, Sünden und Irrtümer: eben das Leben eines jeden Tages mit seinen Brüchen, Schwächen und Schwierigkeiten. Ein Leben, das zuweilen durch Undankbarkeit und Unverständnis verletzt und geprüft wird. Jesus nennt diejenigen selig, die über diese Situationen weinen und dennoch auf den Herrn vertrauen und sich unter seinen Schutz stellen. Sie sind nicht gleichgültig und ihr Herz ist auch nicht vom Schmerz verhärtet, sondern sie warten geduldig auf *Gottes Trost*. Und diesen Trost erfahren sie bereits in diesem Leben.

Höhen und Tiefen, Licht und Schatten

Wir wissen genau, dass das Leben aus Höhen und Tiefen, aus Licht und Schatten besteht. Jeder von uns erlebt Enttäuschungen, Fehlschläge und Verluste. Außerdem löst die Situation, in der wir gerade leben, diese Situation im Zeichen der Pandemie, bei vielen Besorgnis, Angst und Unbehagen aus; wir laufen Gefahr, in Pessimismus und Apathie zu verfallen. Wie sollen wir auf all das reagieren? Der Psalm macht uns einen Vorschlag: »Unsere Seele harrt auf den Herrn, er ist uns Hilfe und Schild. In ihm erfreut sich unser Herz« (Ps 33,20–21). Das heißt, dass die harrende Seele, dass ein vertrauensvolles Warten auf den Herrn uns in den dunklen Momenten unseres Daseins Trost und Mut schöpfen lässt. Woher kommt dieser Mut, diese vertrauensvolle Zuversicht? Sie kommt aus der *Hoffnung*. Und die Hoffnung, jene Tugend, die uns der Begegnung mit dem Herrn entgegenträgt, trügt nicht.

Gott ist in der Menschheitsgeschichte gegenwärtig, er ist der »Gott mit uns«. Gott ist nicht fern, er ist immer bei uns und klopft viele Male an die Türen unseres Herzens. Gott geht an unserer Seite, um uns Halt zu geben. Der Herr verlässt uns nicht; er begleitet uns in den Wechselfällen unseres Daseins, um uns den Sinn des Weges, die Bedeutung des Alltags entdecken zu helfen und uns in den Zeiten der Prüfung und des Kummers Mut einzuflößen. Inmitten der Stürme des Lebens streckt Gott uns immer die Hand entgegen und befreit uns aus der Gefahr. Das ist schön! Im Buch Deuteronomium gibt es eine sehr schöne Stelle, wo der Prophet zum Volk sagt: »Welches Volk hätte Götter, die ihm so nahe sind, wie ich dir nahe bin?«[14] Keines. Nur wir haben diese Gnade, Gott in unserer Nähe zu haben. Wir warten auf Gott, wir hoffen, dass er sich zeigt, aber auch er wartet darauf, dass wir uns ihm zeigen!

Auch Fehlschläge sind etwas Gutes

Manche Menschen vegetieren in der Oberflächlichkeit dahin und halten sich für lebendig, obwohl sie innerlich tot sind (vgl. Offb 3,1). Es gibt 20-Jährige, die ihr Leben über den Boden schleifen und nicht auf der Höhe ihrer eigenen Würde sind. Ihnen geht es nur darum, ihre Lebenszeit irgendwie »herumzubringen« und dabei die eine oder andere Belohnung mitzunehmen: ein bisschen Spaß, ein paar Krümel Aufmerksamkeit und Zuneigung von anderen ... Es gibt auch einen verbreiteten digitalen Narzissmus, der Jugendliche und Erwachsene beeinflusst. Viele leben so! Einige von ihnen haben vielleicht in ihrem Umfeld den Materialismus derer kennengelernt, die nur daran denken, Geld zu verdienen und einen Posten zu ergattern, als gäbe es im Leben keine anderen Ziele. Mit der Zeit stellt sich unweigerlich ein dumpfes Unbehagen ein, eine Apathie, ein Lebensüberdruss, der immer beklemmender wird.

Negative Einstellungen können auch durch persönliche Fehlschläge hervorgerufen werden: wenn etwas, das uns am Herzen lag und wofür wir uns eingesetzt hatten, nicht weitergeht oder nicht die erhofften Resultate erzielt. Das kann im schulischen Bereich passieren oder mit sportlichen oder künstlerischen Ambitionen ... Das Ende eines »Traums« kann sich anfühlen, als wäre man gestorben. Doch Fehlschläge gehören zum Leben eines jeden Menschen und können sich zuweilen sogar als eine Gnade erweisen! Oft entpuppt sich etwas, von dem wir dachten, dass es uns glücklich machen würde, als Illusion, als Götzenbild. Die Götzen verlangen alles von uns und machen uns zu Sklaven, doch sie geben uns nichts dafür. Und am Ende stürzen sie in sich zusammen und hinterlassen nur Staub und Rauch. In diesem Sinne, wenn sie die Götzen zum Einsturz bringen, sind Fehlschläge etwas Gutes, obwohl sie uns Leid zufügen.

Mit anderen weinen können

»Selig die Trauernden; denn sie werden getröstet werden.« (Mt 5,4)

Die Welt schlägt uns das Gegenteil vor: Unterhaltung, Genuss, Zerstreuung, Spaß, und sie sagt uns, dass das unser Leben gut macht. Der weltliche Mensch schaut weg, ignoriert Probleme wie Krankheit oder Leid in seiner Familie oder seiner Umgebung. Die Welt will nicht weinen: Lieber ignoriert sie die schmerzlichen Situationen, deckt sie zu, versteckt sie. Es wird viel Energie darauf verwendet, Situationen zu entfliehen, in denen Leid spürbar wird, weil man denkt, es sei möglich, die Wirklichkeit – in der doch nie, niemals, das Kreuz fehlen kann – zu bemänteln.

Ein Mensch, der die Dinge sieht, wie sie wirklich sind, lässt sich vom Schmerz durchbohren und weint in seinem Herzen, er vermag an die Tiefen des Lebens zu rühren und wahrhaft glücklich zu sein. Ein solcher Mensch wird getröstet: aber mit dem Trost Jesu, nicht mit dem Trost der Welt. Deshalb bringt er den Mut auf, das Leiden anderer zu teilen und nicht länger vor schmerzlichen Situationen davonzulaufen. Auf diese Weise findet er heraus, dass der Sinn des Lebens darin besteht, einem anderen in seinem Schmerz beizustehen, die Not eines anderen zu begreifen, anderen Linderung zu verschaffen. Ein solcher Mensch fühlt, dass der andere Fleisch von seinem Fleisch ist, er scheut sich nicht, ihm nahezukommen und sogar seine Wunde zu berühren, er hat so viel Mitleid, dass er schließlich spürt, wie jede Distanz schwindet. So wird es ihm möglich, der Aufforderung des heiligen Paulus nachzukommen: »Weint mit den Weinenden« (Röm 12,15).

Mit den anderen weinen zu können: das ist Heiligkeit.

Wenn die Welt wie eine Wüste erscheint

Wie oft scheint es, dass die Samen des Guten und der Hoffnung, die wir auszusäen versuchen, von den Dornen des Egoismus, der Feindseligkeit und der Ungerechtigkeit erstickt werden – und das nicht nur in unserem Umfeld, sondern auch in unserem eigenen Herzen. Uns beunruhigt die wachsende Kluft zwischen Reichen und Armen in unseren Gesellschaften. Wir erkennen Anzeichen für einen Götzendienst des Reichtums, der Macht und des Vergnügens, die zu einem hohen Preis für das Leben der Menschen erworben werden. In unserer Nähe leiden viele Freunde und Gleichaltrige, obwohl von großem materiellen Wohlstand umgeben, an spiritueller Armut, an Einsamkeit und stiller Verzweiflung. Es scheint beinahe, als wäre Gott nicht mehr Teil unseres Horizonts. Es ist, als würde sich in der ganzen Welt eine spirituelle Wüste ausbreiten. Sie trifft auch die Jugendlichen und nimmt ihnen die Hoffnung und in allzu vielen Fällen auch das Leben. Und doch ist das die Welt, in die ihr hinauszugehen berufen seid, um vom Evangelium der Hoffnung Zeugnis abzulegen, vom Evangelium Jesu Christi und der Verheißung seines Reiches.

Ein treuer Freund, auf den immer Verlass ist

In jenem Gebet, das seit acht Jahrhunderten lebendig ist, ist eine große Lehre enthalten; der heilige Franziskus hat es gegen Ende seines Lebens verfasst: das *Lied von Bruder Sonne* oder das *Lied der Geschöpfe*. Der *Poverello* hat es nicht in einer Zeit der Freude und des Wohlergehens, sondern im Gegenteil in einer Situation der Not komponiert. Franziskus ist mittlerweile fast blind, und auf seinem Gemüt lastet das Gewicht einer Einsamkeit, wie er sie nie zuvor empfunden hat: Die Welt hat sich seit Beginn seiner Predigttätigkeit nicht verändert, immer noch gibt es Menschen, die sich durch Streitigkeiten entzweien lassen, und außerdem ahnt er das Herannahen des Todes. Es könnte ein Moment der Desillusionierung werden, jener äußersten Enttäuschung und Wahrnehmung des eigenen Scheiterns. Was aber tut Franziskus in diesem Moment der Traurigkeit, in dieser dunklen Stunde? Er betet. Und wie betet er? »Sei gelobt, mein Herr …« Er betet den Lobpreis. Franziskus lobt Gott für alles, für alle Gaben der Schöpfung – auch für den Tod, den er mutig »Schwester« nennt, »Schwester Tod«. Diese Beispiele der Heiligen, der Christen und auch Jesu selbst, die in schwierigen Zeiten Gott loben, öffnen uns das Tor zu einer sehr großen Straße, die zum Herrn führt, und läutern uns immer. Loben läutert immer.

Die Heiligen zeigen uns, dass man immer loben kann, im Glück und im Unglück, weil Gott der treue Freund ist. Das ist die Basis des Lobes: Gott ist der treue Freund und auf seine Liebe ist immer Verlass. Er ist an unserer Seite, er wartet immer auf uns. Jemand hat einmal gesagt: »Er ist der Wächter in deiner Nähe, der dich sicher voranschreiten lässt.« Finden wir in dunklen und schwierigen Zeiten den Mut, zu sagen: »Gepriesen seist du, o Herr.« Den Herrn zu loben. Das wird uns sehr guttun.

VII.

Die Weisheit pflegen

Bitten wir um das Geschenk der Herzensweisheit

Der Heilige Geist macht den Christen »weise« – aber nicht in dem Sinne, dass er auf alles eine Antwort hat, dass er alles weiß, sondern in dem Sinne, dass er etwas über Gott weiß, dass er weiß, wie Gott handelt, dass er erkennt, wann etwas von Gott kommt und wann nicht. Er besitzt diese Weisheit, die Gott unseren Herzen verleiht. Das Herz des weisen Menschen hat *Gefallen und Geschmack an Gott*. Wie wichtig ist es, dass es in unseren Gemeinden solche Christen gibt! Alles an ihnen spricht von Gott und wird zu einem schönen und lebendigen Zeichen seiner Gegenwart und Liebe. Das ist nichts, was wir improvisieren oder uns selbst aneignen könnten: Es ist ein Geschenk, das Gott denjenigen macht, die sich vom Heiligen Geist lenken lassen. Wir haben den Heiligen Geist in unserem Herzen; wir können uns entscheiden, ob wir auf ihn hören oder nicht auf ihn hören wollen. Wenn wir auf ihn hören, wird er uns den Weg der Weisheit zeigen: jener Weisheit, die darin besteht, mit Gottes Augen zu sehen, mit Gottes Ohren zu hören, mit Gottes Herzen zu lieben und die Dinge mit Gottes Urteil zu beurteilen. Diese Weisheit können wir alle bekommen. Wir müssen nur den Heiligen Geist darum bitten.

Stellt euch eine Mutter vor, die mit ihren Kindern zuhause ist: Während das eine hier etwas anstellt, heckt das andere dort etwas anderes aus, und die arme Mama muss ständig hin und her laufen. Wenn die Mutter müde ist und ihre Kinder anschreit, ist das Weisheit? Nein, das ist keine Weisheit. Aber wenn sie das Kind in den Arm nimmt und es sanft tadelt und ihm sagt: »Das tut man nicht«, und ihm ganz geduldig erklärt, warum man das nicht tut, dann ist das die Weisheit Gottes. Das ist die Weisheit, die der Heilige Geist uns gibt! Ist es vielleicht Weisheit Gottes, wenn sich zum Beispiel zwei Eheleute streiten und einander dann nicht mehr ansehen oder ein Gesicht ziehen? Nein, ist es nicht! Aber wenn sie zueinander sagen: »Ach komm schon, der Sturm hat sich verzogen, lass uns Frieden schließen«, und gemeinsam weitergehen – das ist die Gabe der Weisheit.

So etwas kann man nicht lernen: Es ist ein Geschenk des Heiligen Geistes. Deshalb müssen wir den Herrn bitten, dass er uns den Heiligen Geist schenkt und dass er uns das Geschenk der *Weisheit* macht. Und so, mit dieser Weisheit, wollen wir weitergehen, die Familie bauen, die Kirche bauen, und dann werden wir alle geheiligt werden.

Gottes Weisheit öffnet uns für die anderen

Das Einzige, was uns Orientierung gibt und uns auf dem richtigen Weg weitergehen lässt, ist die Weisheit, *die Weisheit, die aus dem Glauben erwächst.* Nicht die falsche Weisheit dieser Welt, sondern die Weisheit, die wir in den Augen unserer Eltern und Großeltern erkennen, die ihr Vertrauen in Gott gesetzt haben. In ihren Augen können wir das Licht der Gegenwart Gottes sehen, und dieses Licht haben sie in Jesus gefunden, denn Jesus *ist* die Weisheit Gottes (vgl. 1 Kor 1,24).

Diese Weisheit hilft uns, *falsche Glücksversprechungen* zu erkennen und *zurückzuweisen*. Es gibt ihrer so viele! Eine Kultur, die falsche Versprechungen macht, kann nicht befreien: Sie führt nur zu einem Egoismus, der das Herz mit Dunkelheit und Bitterkeit füllt. Die Weisheit Gottes dagegen hilft uns, zu wissen, wie wir diejenigen aufnehmen und akzeptieren können, die anders handeln und denken als wir. Es ist traurig, wenn wir beginnen, uns in unserer kleinen Welt zu verschließen, und nur noch um uns selbst kreisen. Dann leben wir nach dem Grundsatz: »Du machst, was ich sage, oder du kannst gehen.« Das ist ein schlechter Grundsatz, er ist nicht hilfreich. Und wenn wir ihn anwenden, hängen wir fest, sind eingeschlossen in uns selbst. Wenn ein Volk, eine Religion oder eine Gesellschaft zu einer »kleinen Welt« wird, verliert sie das Beste, was sie hat, und wird anmaßend, verfällt in die Mentalität des »Wir sind die Guten, ihr seid die Bösen«. Diese Denkweise führt dazu, dass wir die Richtung und dass wir uns selbst verlieren und unser Leben sinnlos wird.

Die Weisheit Gottes öffnet uns für die anderen. Sie hilft uns, über den Tellerrand unserer persönlichen Bequemlichkeiten hinauszublicken und uns von falschen Sicherheiten zu befreien, die uns blind machen für die großen Ideale: jene Ideale, die das Leben schöner und lebenswerter machen.

Auf die Demütigen hören

Unter den Frauengestalten des Alten Testaments ragt eine große Volksheldin hervor: Judit. Das biblische Buch, das ihren Namen trägt, erzählt von dem beeindruckenden Feldzug des Königs Nebukadnezzar, der in Ninive regiert. Er besiegt und unterwirft alle Völker der Umgebung und erweitert so sein Herrschaftsgebiet: ein großer, unüberwindlicher Feind, der Tod und Zerstörung sät, bis ins Land der Verheißung vordringt und das Leben der Kinder Israels bedroht. Denn Nebukadnezzars Heer, das von General Holofernes kommandiert wird, belagert eine Stadt in Judäa, Betulia, schneidet sie von der Wasserversorgung ab und schwächt auf diese Weise die Widerstandskraft der Bevölkerung.

Die Situation wird so dramatisch, dass die Bewohner der Stadt sich an die Ältesten wenden und sie auffordern, Betulia dem Feind zu übergeben. Ihre Worte sind verzweifelt: »Jetzt gibt es keine Rettung mehr für uns. Vielmehr hat Gott uns in ihre Gewalt verkauft, damit wir vor ihren Augen durch Durst und großes Unglück niedergestreckt werden.« Sie gehen tatsächlich so weit, zu sagen: »Gott hat uns verkauft.« (Jdt 7,25)

In dieser Situation betritt Judit die Bühne, eine Witwe von großer Schönheit und Weisheit. Sie spricht zum Volk, und sie spricht die Sprache des Glaubens. Mutig tadelt und ermahnt sie ihre Landsleute: »Während wir auf seine Rettung warten, wollen wir ihn um Hilfe anrufen. Dann wird er unser Flehen erhören, wenn es ihm gefällt.« (8,17) Mit der Kraft eines Propheten appelliert Judit an die Menschen ihres Volkes, damit sie von neuem auf Gott vertrauen; mit dem Blick eines Propheten sieht sie weiter als die Vorsteher mit ihrem engen Horizont, der durch die Angst noch enger geworden ist. Gott wird ganz sicher handeln.

Der Herr ist der Gott des Heils – daran glaubt sie –, welche Form es auch immer annehmen mag. Heil bedeutet, vor seinen Feinden gerettet zu werden und zu überleben, doch nach Gottes undurchdringlichem Ratschluss kann Heil auch bedeuten, dem Tod überantwortet zu werden. Das weiß sie, denn sie ist eine Frau des Glaubens. Das Ende kennen wir, wie die Geschichte ausgegangen ist: Gott rettet.

Liebe Brüder und Schwestern, stellen wir Gott niemals Bedingungen, sondern lassen wir zu, dass die Hoffnung unsere Ängste überwindet. Auf Gott zu vertrauen heißt, sich ohne jede Forderung auf seine Pläne einzulassen und zu akzeptieren, dass er uns auf andere Weise Rettung und Hilfe zuteilwerden lässt, als wir es vielleicht erwartet hätten. Wir bitten den Herrn um Leben, Gesundheit, Liebe, Glück; und das ist auch richtig so, aber uns muss bewusst sein, dass Gott auch aus dem Tod Leben zu schöpfen vermag, dass wir auch in der Krankheit Frieden erfahren können, dass auch in der Einsamkeit Heiterkeit und auch in der Trauer Seligkeit sein kann. Es steht uns nicht zu, Gott darüber zu belehren, was er tun muss und was wir benötigen. Er weiß es besser als wir und wir müssen Vertrauen haben, denn seine Wege und seine Gedanken sind anders als die unseren.

Der Weg, den Judit uns weist, ist der Weg des Vertrauens, der friedvollen Erwartung, des Gebets und des Gehorsams. Es ist der Weg der Hoffnung. Nicht vorschnell zu resignieren, sondern alles zu tun, was im Rahmen unserer Möglichkeiten liegt, uns aber dabei nach dem Willen des Herrn zu richten, denn Judit – das wissen wir – hat viel gebetet, viel zum Volk gesprochen, und dann ist sie mutig hingegangen und hat einen Weg gesucht und gefunden, sich dem Oberbefehlshaber zu nähern und ihm den Kopf abzuschlagen, ihn zu schlachten. Sie ist mutig im Glauben und in den Werken. Und sie sucht immer den Herrn! Denn Judit hat zwar einen Plan, den sie erfolgreich verwirklicht, und führt ihr Volk zum Sieg – doch was sie tut, tut sie in der gläubigen Haltung eines Menschen, der alles aus den Händen Gottes empfängt und sich seiner Güte gewiss ist.

So gibt eine gläubige und mutige Frau ihrem Volk in tödlicher Gefahr wieder Kraft, führt es auf die Wege der Hoffnung und zeigt diese Wege auch uns. Und wir – strengen wir unser Gedächtnis ein wenig an: Wie oft haben wir weise, mutige Worte von demütigen Menschen zu hören bekommen, demütigen Frauen, die man – ohne sie deshalb zu verachten – vielleicht für unwissend gehalten hätte … Doch es sind Worte der Weisheit Gottes!

Zukunft gibt es nur gemeinsam

In der Prüfung der Pandemie haben auch wir, wie der Jünger Thomas, uns mit unseren Ängsten und Zweifeln als zerbrechlich erfahren. Wir brauchen den Herrn, der hinter unserer Zerbrechlichkeit eine unvergängliche Schönheit in uns erkennt. Wir entdecken, dass wir wie wunderschöne Kristallgläser sind, zerbrechlich und kostbar zugleich. Und wenn wir, genau wie ein Kristallglas, vor ihm völlig durchsichtig sind, dann wird sein Licht, das Licht der Barmherzigkeit, in uns und durch uns in der Welt leuchten. Das ist der Grund, weshalb wir »voll Freude« sein sollen, wie wir es im Petrusbrief gehört haben, wenn wir auch jetzt »ein wenig, falls es sein muss, durch mancherlei Prüfungen Leid« haben (1 Petr 1,6).

Die schönste Botschaft kommt von dem Jünger, der zu spät gekommen ist. Er war als Einziger nicht da, Thomas. Doch der Herr hat auf ihn gewartet. Die Barmherzigkeit lässt die, die zurückbleiben, nicht im Stich. Jetzt, da wir daran denken, uns langsam und mit Mühe von der Pandemie zu erholen, schleicht sich genau diese Gefahr ein: dass wir die vergessen, die zurückgeblieben sind. Es besteht die Gefahr, dass uns ein noch schlimmeres Virus befällt: das Virus des *gleichgültigen Egoismus*. Es wird durch die Vorstellung übertragen, dass das Leben besser wird, wenn es *mir* besser geht, dass alles besser läuft, wenn es für *mich* besser läuft.[15] Damit fängt es an, und am Ende sortiert man die Menschen, entsorgt die Armen und opfert die, die zurückgeblieben sind, auf dem Altar des Fortschritts. Doch diese Pandemie erinnert uns daran, dass es zwischen denen, die leiden, keine Unterschiede und Grenzen gibt. Wir alle sind zerbrechlich, wir alle sind gleich, wir alle sind kostbar. Lassen wir uns im Innern erschüttern von dem, was gerade geschieht: Es ist Zeit, die Ungleichheiten zu beseitigen, *die Ungerechtigkeit aus der Welt zu schaffen*, die das Wohl der ganzen Menschheit an der Wurzel untergräbt! Lernen wir von der christlichen Urgemeinde, die in der Apostelgeschichte beschrieben wird. Sie hatte Barmherzigkeit erfahren und lebte barmherzig: »Alle Gläubiggewordenen hatten alles miteinander gemeinsam. Sie verkauften ihr Hab und Gut und verteilten davon an alle, je nachdem einer bedürftig war.« (Apg 2,44–45) Das ist keine Ideologie, das ist Christentum.

In jener Gemeinschaft war nach der Auferstehung Jesu nur einer zurückgeblieben, und die anderen haben auf ihn gewartet. Heute scheint das Gegenteil der Fall zu sein: Ein kleiner Teil der Menschheit ist weitergegangen, während die Mehrheit zurückgeblieben ist. Und jeder könnte sagen: »Das sind komplexe Probleme, es ist nicht meine Sache, mich der Bedürftigen anzunehmen, darum sollen sich andere kümmern!« Nachdem sie Jesus begegnet war, schrieb die heilige Faustyna: »In einer leidenden Seele sollten wir den gekreuzigten Herrn sehen und nicht einen unnützen Brotesser und eine Belastung [...]. Du gibst uns Gelegenheit zur Übung in Taten der Barmherzigkeit, und wir üben uns im Urteilen« (*Tagebuch*, Heft IV, 6. September 1937).[16] Eines Tages jedoch beklagte sie sich selbst bei Jesus darüber, dass Menschen, die barmherzig sind, für naiv gehalten werden. Sie sagte: »Herr, sie missbrauchen oft meine Güte.« Und Jesus erwiderte: »Das macht nichts, meine Tochter, dich soll das nichts angehen; sei immer zu allen barmherzig« (24. Dezember 1937).[17] Zu allen: Denken wir nicht bloß an unsere Interessen, an die Einzelinteressen. Nutzen wir diese Prüfung als Chance, um das Morgen für alle vorzubereiten und niemanden auszusortieren: für alle. Denn ohne eine gemeinsame Vision wird niemand eine Zukunft haben.

Lass dich lieben!

Versuch einen Moment innezuhalten und dich von Gott lieben zu lassen. Versuch alle Stimmen und alle Schreie in deinem Innern zum Schweigen zu bringen und einen Moment in seiner Liebesumarmung zu verharren. Wenn er dich um etwas bittet oder einfach die Herausforderungen zulässt, vor die das Leben dich stellt, dann wartet er darauf, dass du ihm Raum gibst, damit er dich voranbringen, dich anspornen, dich reifen lassen kann. Es stört ihn nicht, wenn du mit ihm über deine Zweifel sprichst – was ihm Sorgen bereitet, ist, wenn du *nicht* mit ihm sprichst, dich nicht aufrichtig auf den Dialog mit ihm einlässt.[18] Seine Liebe ist so real, so wahr, so konkret, dass sie uns eine von ehrlicher und fruchtbarer Zwiesprache erfüllte Beziehung anbietet. Und schließlich: Suche die Umarmung deines himmlischen Vaters im liebevollen Antlitz seiner mutigen Zeugen auf Erden!

Treibsand

Umkehr ist der Schmerz über die begangenen Sünden, das Verlangen, von ihnen befreit zu werden, und der Vorsatz, sie für immer aus dem eigenen Leben auszuschließen. Um die Sünde auszuschließen, müssen wir auch alles ablehnen, was mit ihr zusammenhängt, die Dinge, die mit der Sünde zusammenhängen, und das heißt, dass wir die weltliche Mentalität ablehnen müssen, den übertriebenen Hang zu Bequemlichkeit, Wohlergehen, Reichtum. Das ist der erste Aspekt der Umkehr: *Loslösung von der Sünde und der Weltlichkeit*. Einen Weg einzuschlagen, der uns von diesen Dingen wegführt.

Der zweite Aspekt der Umkehr ist das Ziel des Weges, nämlich die *Suche nach Gott und seinem Reich*. Loslösung von den weltlichen Dingen und Suche nach Gott und seinem Reich. Der Verzicht auf Annehmlichkeiten und weltliche Mentalität ist kein Selbstzweck, keine Askese zu reinen Bußzwecken: Der Christ ist kein »Fakir«. Es geht um etwas anderes. Sie ist kein Selbstzweck, die Loslösung, sondern dient dazu, etwas Größeres zu erreichen, nämlich das Reich Gottes, die Gemeinschaft mit Gott, die Freundschaft mit Gott. Doch das ist nicht einfach, denn die Versuchung zieht uns immer nach unten, sie zieht uns hinunter, und es sind viele Fesseln, die uns in der Nähe der Sünde halten: Unbeständigkeit, Entmutigung, Bosheit, schädliche Einflüsse aus der Umgebung, schlechte Vorbilder. Zuweilen ist der Drang, den wir zum Herrn hin verspüren, zu schwach, und es scheint beinahe, als ob Gott schweigen würde; seine Trostversprechen kommen uns fern und unwirklich vor. Und dann sind wir versucht, zu sagen, dass eine wirkliche

Umkehr unmöglich sei. Wie oft haben wir diese Entmutigung schon gefühlt!

»Nein, ich schaffe es nicht. Ich gehe ein bisschen vorwärts, und dann falle ich wieder zurück.« Das ist nicht schön, aber es kann passieren. Wenn dich diese Entmutigung überkommt, dann darfst du nicht stehenbleiben, denn dieser Gedanke ist wie Treibsand: der Treibsand einer mittelmäßigen Existenz. Das ist Mittelmäßigkeit. Was können wir in solchen Fällen tun, wenn wir weitergehen wollen, aber das Gefühl haben, es nicht zu schaffen? Vor allem müssen wir uns daran erinnern, dass die Umkehr *eine Gnade* ist: Niemand kann aus eigener Kraft umkehren. Es ist eine Gnade, die der Herr dir schenkt und um die wir den Herrn deshalb mit aller Entschiedenheit bitten müssen. Wir müssen Gott darum bitten, dass er uns bekehrt, dass wir wirklich umkehren können, wenn wir uns für die Schönheit, die Güte und die Zärtlichkeit Gottes öffnen. Denkt an die Zärtlichkeit Gottes. Gott ist kein schlechter Vater, er ist kein grausamer Vater, nein. Er ist zärtlich, er liebt uns sehr wie der gute Hirte, der auch noch das letzte Schaf aus seiner Herde suchen geht. Gott ist die Liebe. Und Umkehr ist genau das: eine Gnade Gottes. Du machst dich auf den Weg, weil er dich dazu bringt, und du wirst sehen, wie er es anstellt. Bete, geh los, und du wirst Schritt für Schritt vorankommen.

Der Aktionsplan des Christen

Macht bitte keinen »Smoothie« aus dem Glauben an Jesus Christus. Es gibt Orangen-Smoothies und Apfel-Smoothies und Bananen-Smoothies, aber trinkt bitte keinen »Glaubens-Smoothie«. Der Glaube ist ganz, man kann daraus keinen

Smoothie machen. Es ist der Glaube an Jesus. Es ist der Glaube an den menschgewordenen Sohn Gottes, der mich geliebt hat und für mich gestorben ist. Also: Schlagt Lärm, kümmert euch um die an den beiden Enden der Bevölkerung, die alten Menschen und die jungen Menschen. Lasst euch nicht ausschließen und lasst nicht zu, dass die alten Menschen ausgeschlossen werden. Zweitens: Macht keinen »Smoothie« aus dem Glauben an Jesus Christus.

»Was sollen wir dann tun, *Padre*?« Lest die Seligpreisungen, das wird euch guttun. Wenn ihr wissen wollt, was ihr konkret tun sollt, dann lest Matthäus, Kapitel 25: Das ist das Protokoll, nach dem wir gerichtet werden werden. Mit diesen beiden Dingen habt ihr euren Aktionsplan: die Seligpreisungen und Matthäus 25. Mehr braucht ihr nicht zu lesen. Ich bitte euch von ganzem Herzen: Macht keinen Smoothie aus dem Glauben.

Hüte den Glauben!

Das Gebet öffnet uns auch in schwierigen Zeiten für das Vertrauen auf Gott, es hilft uns, gegen allen Augenschein zu hoffen, und es stärkt uns in unserem alltäglichen Kampf. Es ist keine Flucht, keine Art und Weise, vor den Problemen davonzulaufen, im Gegenteil: Es ist die einzige Waffe, die wir haben, um inmitten so vieler todbringender Waffen die Liebe und die Hoffnung zu behüten. Wenn wir leiden, ist es nicht leicht, den Blick nach oben zu richten, doch mit der Hilfe des Glaubens können wir die Versuchung überwinden, nur noch um uns selbst zu kreisen! Vielleicht möchten wir protestieren und unser Leid hinausschreien, sogar bei Gott: Wir müssen keine Angst haben, auch das ist Gebet. »Selbst wenn man wütend ist auf Gott«, hat eine alte Dame immer zu ihren Enkeln gesagt, »kann das ein Gebet sein.« Das ist die Weisheit der Gerechten und der Einfachen, die in der Lage sind, auch in schwierigen Zeiten nach oben zu blicken ... In bestimmten Momenten wird Gott ein solches Gebet sogar eher annehmen als andere, weil es aus einem verletzten Herzen emporsteigt und der Herr immer auf das Schreien seines Volkes hört und seine Tränen trocknet. Liebe Brüder und Schwestern, hört nie auf, nach oben zu blicken. Behütet den Glauben!

Werde ein Stern und verbreite das Licht Christi!

Wie verbreitet sich das Licht Christi an jedem Ort und zu jeder Zeit? Es hat seine eigene Verbreitungsmethode. Es greift nicht auf die mächtigen Hilfsmittel der Reiche dieser Welt zurück, die immer versuchen, die Herrschaft an sich zu reißen. Nein, das Licht Christi verbreitet sich durch die Verkündigung des Evangeliums. Die Verkündigung, das Wort und das Zeugnis. Und mit derselben »Methode«, die Gott gewählt hat, um unter uns zu sein: der Menschwerdung. Menschwerdung bedeutet, dass wir für den anderen zum Nächsten werden, die Begegnung mit ihm suchen, seine Wirklichkeit annehmen und Zeugnis für unseren Glauben ablegen. Jeder von uns. Nur so kann das Licht Christi, der die Liebe ist, in denen, die es aufnehmen, leuchten und andere anziehen. Das Licht Christi breitet sich nicht durch bloße Worte aus, durch listenreiche, unternehmerische Methoden ... Nein, nein. Der Glaube, das Wort, das Zeugnis: So verbreitet sich das Licht Christi. Der Stern ist Christus, doch auch wir können und sollen ein Stern für unsere Brüder und Schwestern sein: Zeugen der Schätze der Güte und unendlichen Barmherzigkeit, die der Erlöser allen unentgeltlich schenkt. Das Licht Christi verbreitet sich nicht durch Proselytenmacherei, es verbreitet sich durch das Zeugnis, durch das Bekenntnis des Glaubens. Auch durch das Martyrium.

Voraussetzung ist also, dass wir dieses Licht in uns selbst aufnehmen, dass wir es immer mehr aufnehmen. Weh uns, wenn wir meinen, es zu besitzen, weh uns, wenn wir meinen, wir müssten es nur »verwalten«!

Ein trauriger Glaube? Besser nicht!

Der Weg der Freude ist kein Spaziergang. Es kostet Anstrengung, immer in der Freude zu sein. Johannes hat von Jugend auf alles zurückgelassen, um Gott an die erste Stelle zu setzen, um von ganzem Herzen und mit aller Kraft auf sein Wort zu hören. Johannes hat sich in die Wüste zurückgezogen und alles Überflüssige weggelassen, um in größerer Freiheit auf das Wehen des Geistes reagieren zu können. Gewiss, einige Züge seiner Persönlichkeit sind einmalig und unnachahmlich: nichts, was man allen nahelegen könnte. Doch sein Zeugnis ist beispielhaft für jeden Menschen, der den Sinn seines Lebens suchen und die wahre Freude finden will. Der Täufer ist insbesondere für diejenigen ein Vorbild, die in der Kirche dazu berufen sind, den anderen von Christus zu erzählen: Das gelingt nur in der Loslösung von sich selbst und von der Weltlichkeit, wenn man nicht selbst anziehend wirken, sondern die Menschen auf Christus hinweisen will. Das ist die Freude: auf Christus hinzuweisen. Und die Freude muss das Merkmal unseres Glaubens sein. Auch in dunklen Zeiten. Diese innere Freude, zu wissen, dass der Herr mit mir ist, dass der Herr mit uns ist, dass der

Herr auferstanden ist. Der Herr! Der Herr! Der Herr! Er ist das Zentrum unseres Lebens und er ist das Zentrum unserer Freude. Denkt heute gut nach: Wie verhalte ich mich? Bin ich ein froher Mensch, der die Freude des Christseins vermitteln kann, oder bin ich einer von diesen Immertraurigen, die aussehen, als wären sie auf einer Beerdigung?[19] Wenn ich keine Freude an meinem Glauben habe, dann kann ich kein Zeugnis geben, und die anderen werden sagen: »Wenn der Glaube so traurig ist, dann ist man ohne besser dran.«

Keine Angst, wahrhaftig zu sein

Ich glaube, wir alle wissen, was das Wort Heuchelei bedeutet. Was ist Heuchelei? Was meinen wir, wenn wir sagen: Gebt Acht, der da ist ein Heuchler? Was ist Heuchelei? Wir können sagen: Heuchelei ist Angst vor der Wahrheit. Ein Heuchler hat Angst vor der Wahrheit. Er täuscht lieber etwas vor, als er selbst zu sein. Das ist so, als würde man die eigene Seele verkleiden, die eigenen Einstellungen, das eigene Vorgehen: Es ist nicht die Wahrheit. Und die Täuschung untergräbt den Mut, offen die Wahrheit zu sagen, und dann kann es leicht geschehen, dass wir uns der Verpflichtung entziehen, immer und überall und trotz allem wahrhaftig zu sein. Dorthin bringt dich die Täuschung: zu den halben Wahrheiten. Und halbe Wahrheiten sind eine Farce:[20] Denn die Wahrheit ist entweder wahr oder sie ist keine Wahrheit. Doch die halben Wahrheiten sind diese unwahre Art, sich zu verhalten. Wie ich schon gesagt habe: Man täuscht lieber etwas vor, als man selbst zu sein, und die Täuschung untergräbt diesen Mut, offen die Wahrheit zu sagen. Und so entzieht man sich der Verpflichtung – und das ist ein Gebot –, immer die Wahrheit zu sagen, sie überall und sie trotz allem zu sagen. In einem Umfeld, wo die zwischen-menschlichen Beziehungen im Zeichen des Formalismus ge-lebt werden, ist die Heuchelei ein Virus, das sich rasch aus-breitet. Dieses Lächeln, das nicht von Herzen kommt, dieser Versuch, sich mit allen und niemandem gut zu verstehen ...

Ein Heuchler ist ein Mensch, der vortäuscht, schmeichelt und betrügt, weil er mit einer Maske auf dem Gesicht lebt und nicht den Mut hat, sich der Wahrheit zu stellen. Deshalb ist er nicht imstande, wahrhaftig zu lieben – ein Heuchler kann nicht lieben –, sondern beschränkt sich auf ein egois-tisches Leben und hat nicht die Kraft, sein Herz transparent zu machen. Heuchelei kann man in etlichen Situationen be-obachten. Oft versteckt sie sich am Arbeitsplatz, wo man versucht, so zu tun, als wäre man mit den Kollegen befreun-det, obwohl man sie als Konkurrenten betrachtet und ihnen in den Rücken fällt. In der Politik ist es nichts Ungewöhn-liches, Heuchlern zu begegnen, die sich in der Öffentlichkeit ganz anders geben als im Privatleben. Besonders abscheu-lich ist die Heuchelei in der Kirche, doch leider gibt es sie auch dort: Viele Christen und viele Geistliche sind Heuch-ler. Wir sollten das Wort des Herrn niemals vergessen: »Euer Ja sei ein Ja, euer Nein ein Nein. Was darüber hinausgeht, ist vom Bösen.« (Mt 5,37) Brüder und Schwestern, haben wir keine Angst, wahrhaftig zu sein, die Wahrheit zu sagen, die Wahrheit zu hören, uns nach der Wahrheit zu richten. Dann werden wir lieben können. Ein Heuchler kann nicht lieben.

Gott ist Brot, keine Beilage
Für uns wäre es bequemer, wenn wir einen Gott hätten, der im Himmel ist, der sich nicht in unser Leben einmischt und

der es uns überlässt, die Dinge hier unten zu regeln. Doch Gott ist Mensch geworden, um in die konkrete Wirklichkeit der Welt, um in unsere konkrete Wirklichkeit einzutreten: Gott ist für mich, für dich, für uns alle Mensch geworden, um ein Teil unseres Lebens zu werden. Und alles in unserem Leben interessiert ihn. Wir können ihm erzählen, was wir fühlen, wir können ihm von unserer Arbeit erzählen, unserem Tag, unseren Schmerzen, unseren Ängsten, von allem Möglichen. Wir können ihm alles sagen, weil Jesus sich diese Nähe zu uns wünscht. Was wünscht er sich nicht? Dass wir ihn zur Beilage herabwürdigen – ihn, der Brot ist –, dass wir ihn vernachlässigen oder zur Seite schieben oder uns nur dann an ihn wenden, wenn wir etwas brauchen.

Hüte dich vor der Versuchung, nur an dich selbst zu denken!
»Rette dich selbst!« (Mk 15,30) Das ist eine kritische Versuchung, die allen auflauert, auch uns Christen: die Versuchung, nur an die Rettung der eigenen Person oder Gruppe zu denken, nur die eigenen Probleme und Interessen im Blick zu haben, während alles andere unwichtig ist. Dieser Impuls ist sehr menschlich, aber er ist böse – und er ist die letzte Herausforderung, mit der der gekreuzigte Gott es zu tun bekommt.

1. Die Allgemeinheit
Rette dich selbst. Die Ersten, die das sagen, sind »die Vorübergehenden« (Mk 15,29), gewöhnliche Leute, die gehört und gesehen hatten, wie Jesus predigte und Wunder tat. Jetzt sagen sie: »Rette dich selbst und steig herab vom Kreuz.« Sie hatten kein Mitleid, sondern Lust auf ein weiteres Wunder.

Vielleicht hätten auch wir manchmal lieber einen spektakulären als einen mitleidenden Gott, einen Gott, der in den Augen der Welt mächtig ist, sich mit Gewalt durchsetzt und alle vom Platz fegt, die uns Böses wollen. Doch das ist nicht Gott, das ist unser Ich. Wie oft wünschen wir uns einen Gott in unserem Maßstab, statt uns dem Maßstab Gottes anzupassen; wünschen uns einen Gott, der so ist wie wir, statt zu werden wie er!

2. Die Führenden

Rette dich selbst. Als Zweites treten die führenden Hohepriester und Schriftgelehrten vor. Sie waren es, die Jesus verurteilt hatten, weil er eine Gefahr für sie darstellte. Doch wir alle sind Experten, wenn es darum geht, andere ans Kreuz zu schlagen, um uns selbst zu retten. Jesus hingegen lässt sich von Nägeln durchbohren, damit wir lernen, das Böse nicht auf die anderen abzuwälzen. Gerade diese anderen stehen im Zentrum dessen, was jene Religionsführer ihm vorwerfen: »Anderen hat er geholfen, sich selbst kann er nicht helfen.« (Mk 15,31) Sie kannten Jesus, sie erinnerten sich an die Heilungen und Befreiungen, die er vollbracht hatte, und stellen einen boshaften Zusammenhang her: Sie unterstellen, dass es letztlich zu nichts Gutem führt, anderen zu helfen; Er, der sich so für die anderen eingesetzt hatte, verliert nun sich selbst! Der Vorwurf ist ironisch und hüllt sich in religiöse Begriffe: Zweimal kommt das Wort *retten* vor. Doch das »Evangelium« des *Rette dich selbst* ist nicht das Evangelium des Heils. Es ist das falscheste aller Apokryphen, weil es das Kreuz auf die Schultern der anderen legt. Das wahre Evangelium dagegen nimmt die Kreuze der anderen auf sich.

3. Die Verurteilten

Rette dich selbst. Am Ende lassen sich auch die mit Jesus Gekreuzigten von der feindseligen Stimmung anstecken. Wie leicht ist es, Kritik zu üben, gegen etwas zu sein, das Böse in den anderen und nicht in sich selbst zu sehen und die Schuld schließlich auf die Schwächsten und Randständigsten abzuwälzen! Doch warum lassen diese Gekreuzigten ihre Wut an Jesus aus? Weil er sie nicht vom Kreuz herabnimmt: »Hilf dir selbst *und uns*!«, sagen sie zu ihm (Lk 23,39). Sie wenden sich nur an Jesus, damit er ihre Probleme löst. Doch Gott kommt weniger, um uns von unseren Problemen zu befreien, die immer wiederkehren, sondern um uns vor dem eigentlichen Problem zu retten: dem Mangel an Liebe.

Liebe Brüder und Schwestern, auf Golgota wurde der große Zweikampf ausgetragen: zwischen Gott, der gekommen ist, um uns zu retten, und dem Menschen, der sich selbst retten will; zwischen dem Glauben an Gott und dem Kult des Ichs; zwischen dem Menschen, der beschuldigt, und Gott, der entschuldigt. Und Gott hat gesiegt, seine Barmherzigkeit ist auf die Welt herabgekommen.

VIII.

Sieh nicht vom Balkon aus zu!

Wenn du Gott auf der Couch suchst oder im Spiegel ... wirst du ihn niemals finden

Wie hört man den Herrn? Wie hört man zu? Wo spricht der Herr? Habt ihr die Handynummer des Herrn, um ihn anzurufen? Wie hört man den Herrn? Ich möchte euch Folgendes sagen, und das meine ich ernst: Den Herrn hört man nicht, wenn man *auf der Couch* sitzen bleibt. Versteht ihr? Ich sitze da, habe ein bequemes Leben, tue nichts und möchte den Herrn hören. Ich versichere dir, dass du alles Mögliche hören wirst – aber nicht den Herrn. Den Herrn hört man nicht, wenn man ein bequemes Leben führt. Wenn wir unser Leben im Sitzen verbringen – das ist sehr wichtig –, dann stört das den Empfang, denn das Wort Gottes ist dynamisch. Das Wort Gottes ist nicht statisch, und wenn du statisch bist, dann kannst du es nicht hören. Gott entdeckt man *unterwegs*. Wenn du nicht unterwegs bist, um etwas zu tun, um für die anderen zu arbeiten, Zeugnis zu geben, Gutes zu tun, wirst du den Herrn niemals hören. Um den Herrn zu hören, muss man unterwegs sein und nicht dasitzen und warten, dass im Leben wie durch Zauberei irgendetwas passiert.

105

Jesus gibt uns einen Rat, wie wir die Stimme des Herrn hören können: »Sucht und ihr werdet finden« (Lk 11,9). Gut und schön, aber *wo* sollen wir suchen?[21] Nicht auf dem Handy, wie gesagt, dort kommen die Anrufe des Herrn nicht an. Nicht im Fernsehen, dort hat der Herr keinen Sender. Und auch nicht in betäubender Musik und verdummendem Tanz: Dort ist die Leitung zum Himmel unterbrochen. Der Herr darf auch nicht vor dem Spiegel gesucht werden; wenn ihr allein dort steht, lauft ihr Gefahr, enttäuscht zu werden von dem, was ihr seid: »Wer bin ich denn eigentlich? Was tue ich? Ich weiß nicht, was ich tun soll …« Das ist diese Bitterkeit, die ihr zuweilen fühlt, und die in die Traurigkeit führt.[22] Nein. Unterwegs, immer unterwegs. Sucht ihn nicht in eurem Kämmerlein, wenn ihr euch in euch selbst verschließt und an die Vergangenheit zurückdenkt oder eure Gedanken in eine unbekannte Zukunft schweifen lasst. Nein, Gott spricht jetzt, *in der Beziehung.* Auf dem Weg und in der Beziehung mit den anderen. Verschließt euch nicht in euch selbst, vertraut auf ihn, vertraut ihm alles an, sucht ihn im Gebet, sucht ihn im Gespräch mit den anderen, sucht ihn immer in der Bewegung, sucht ihn auf dem Weg.

Digitale Räume und reales Leben

In einem Dokument, das 300 Jugendliche aus aller Welt vorbereitet haben, wird darauf hingewiesen, dass »die Online-Beziehungen unmenschlich werden können. Die digitalen Räume machen uns blind für die Zerbrechlichkeit des anderen und verhindern die persönliche Reflexion. Probleme wie die Pornographie verzerren die Wahrnehmung der Sexualität seitens der Jugendlichen. So verwendet, erzeugt die

Technologie eine trügerische Parallelwirklichkeit, die die Menschenwürde missachtet.« Das Eintauchen in die virtuelle Welt hat eine Art »digitale Migration«, will sagen, ein Abrücken von der Familie, von den kulturellen und von den religiösen Werten begünstigt, das viele Menschen in eine Welt der Einsamkeit und Selbst-Erfindung führt, bis sie schließlich – obwohl sie physisch am selben Ort bleiben – das Gefühl haben, entwurzelt zu sein. Das neue und überbordende Leben der Jugendlichen, das danach drängt und strebt, die eigene Persönlichkeit zu behaupten, steht heute vor einer neuen Herausforderung: der Interaktion mit einer virtuellen Welt, die sie, wie einen unbekannten Kontinent, allein betreten. Die Jugendlichen von heute sind die Ersten, die diese Synthese zwischen dem Persönlichen, dem Kulturspezifischen und dem Globalen vollbringen müssen. Das setzt jedoch voraus, dass es ihnen gelingt, vom virtuellen Kontakt zu einer guten und vernünftigen Kommunikation überzugehen.

Invasion in die Privatsphäre

Paradoxerweise werden die Entfernungen – während die Verschlossenheit und Intoleranz wächst und uns gegen andere abschottet – kleiner und kleiner oder verschwinden ganz, bis schließlich sogar das Recht auf Privatsphäre verlorengeht. Alles wird zu einer Art Schauspiel, das ausspioniert und überwacht werden kann, und das Leben wird einer permanenten Kontrolle ausgesetzt. In der digitalen Kommunikation will man alles zeigen, und jedes Individuum wird zum Objekt von Blicken, die herumstochern, entblößen und veröffentlichen – und das nicht selten anonym. Der Respekt gegenüber dem andern bröckelt, und so kommt es, dass ich ihn wegschieben, ignorieren und auf Distanz halten und gleichzeitig völlig schamlos auch noch in die verborgensten Winkel seines Lebens eindringen kann.

Online kann man keine Brücken bauen

Die digitalen Medien können uns dem Risiko der Abhängigkeit, der Isolation und eines schwindenden Kontakts mit der konkreten Wirklichkeit aussetzen und so die Entwicklung echter zwischenmenschlicher Beziehungen verhindern. Wir brauchen physische Gesten, Mimik, Schweigen, Körpersprache, ja sogar Parfum, Händezittern, Erröten, Schweiß, weil all das zu uns spricht und Teil der menschlichen Kommunikation ist. Digitale Beziehungen, die uns die Mühe ersparen, eine Freundschaft, eine stabile Wechselseitigkeit und auch einen Konsens zu pflegen, der mit der Zeit reift, sind nur scheinbar sozial. Sie schaffen nicht wirklich ein »Wir«, sondern verschleiern und vergrößern nur denselben Individualismus, der sich auch in der Fremdenfeindlichkeit und in der Verachtung der Schwächeren ausdrückt. Digitale Vernetztheit genügt nicht, um Brücken zu schlagen, sie ist nicht in der Lage, die Menschheit zu einen.

»Likes« und »Dislikes« sind nicht alles

Wahre Weisheit setzt die Begegnung mit der Wirklichkeit voraus. Doch heute lässt sich alles herstellen, beschönigen, verändern. Das führt dazu, dass die direkte Begegnung mit den Grenzen der Realität unerträglich wird. Also wird ein Mechanismus der »Auswahl« in Gang gesetzt und es entsteht die Gewohnheit, sofort zwischen dem, was uns gefällt, und dem, was uns nicht gefällt, zwischen Anziehendem und Abstoßendem zu unterscheiden. Nach derselben Logik werden auch die Menschen ausgewählt, mit denen man die Welt teilen will. Und so werden Menschen oder Situationen, die unsere Sensibilität verletzt oder unser Missfallen erregt haben, heute in den sozialen Netzwerken ganz einfach eliminiert: Wir schaffen uns einen virtuellen Zirkel, der uns von der Welt, in der wir leben, isoliert.

Sich hinzusetzen und dem anderen zuzuhören, wie es für eine menschliche Begegnung typisch ist, ist ein Paradigma der Aufgeschlossenheit. So verhält sich ein Mensch, der den Narzissmus überwindet und den anderen aufnimmt, ihm Aufmerksamkeit schenkt und ihm in seinem eigenen Umfeld Raum gibt.

Wenn das Schweigen und das Zuhören verloren gehen und alles in rasch getippte, eilige Nachrichten gepresst wird, dann gerät die Basisstruktur einer weisen menschlichen Kommunikation in Gefahr. Ein neuer Lebensstil entsteht: Man konstruiert sich die Welt, die man vor sich haben will, und schließt alles aus, was nicht kontrolliert oder oberflächlich und unverzüglich in Erfahrung gebracht werden kann. Die Logik, die einer solchen Dynamik innewohnt, verhindert jenes gelassene Nachdenken, das uns zu einer gemeinsamen Weisheit führen könnte.

Wir können gemeinsam nach der Wahrheit suchen: im Dialog, im friedlichen Gespräch oder in der leidenschaftlichen Diskussion. Das ist ein beharrlicher Weg, der auch Schweigen und Kummer mit sich bringt und der uns die Möglichkeit bietet, die umfangreichen Erfahrungen der Menschen und der Völker geduldig zusammenzutragen.

Bereit, uns nicht nur im Netz zu treffen
Die erdrückende Masse an Informationen, die uns überflutet, bedeutet kein Mehr an Weisheit. Weisheit entsteht nicht

aus ungeduldigen Internetrecherchen und ist auch keine Ansammlung von Informationen, deren Stichhaltigkeit nicht gesichert ist. Auf diese Weise findet keine Begegnung mit der Wahrheit statt, die uns reifen lässt. Die Gespräche drehen sich letztendlich immer nur um die neuesten Daten, sind rein horizontal und kumulativ. Doch man befasst sich nicht eingehend mit den Dingen, dringt nicht zum Herzen des Lebens vor, erkennt nicht, was wesentlich ist, damit das Dasein einen Sinn erhält. So wird die Freiheit zu einer Illusion, die uns verkauft wird, und wir verwechseln sie mit der Freiheit, an einem Bildschirm zu surfen. Das Problem ist, dass ein Weg der Geschwisterlichkeit auf lokaler wie globaler Ebene nur von freien Geistern gefunden werden kann, die zu echten Begegnungen bereit sind.

Was Roboter nicht können

Neulich hat mich jemand gefragt – wir sprachen über künstliche Intelligenz: »Wird die künstliche Intelligenz alles können?« »Die Roboter der Zukunft werden alles können, alles, was ein Mensch kann. Nur eines nicht«, habe ich geantwortet. »Was werden sie nicht können?« Die Person dachte einen Augenblick nach und antwortete dann: »Nur eines wird ihnen fehlen: die Zärtlichkeit.« Und die Zärtlichkeit ist wie die Hoffnung. Sie sind demütige Tugenden, wie der Dichter Charles Péguy gesagt hat. Tugenden, die streicheln, die sich nicht aufdrängen …

Ich glaube – und das möchte ich betonen –, dass wir bei unserer ökologischen Umkehr an dieser menschlichen Ökologie arbeiten müssen; an unserer Zärtlichkeit, unserer Fähigkeit, zu liebkosen … Wir müssen an der Fähigkeit arbeiten, zu liebkosen, denn sie ist ein Kennzeichen des guten Lebens und des Einklangs.

Ein großer Schritt für die Menschheit

Als der Mensch seinen Fuß auf den Mond setzte, wurde ein Satz gesagt, der später berühmt geworden ist: »Das ist ein kleiner Schritt für einen Menschen, aber ein großer Sprung für die Menschheit.« Denn die Menschheit hatte einen historischen Meilenstein erreicht. Doch an Mariä Himmelfahrt feiern wir eine unendlich viel größere Errungenschaft. Die Gottesmutter hat ihren Fuß ins Paradies gesetzt: Sie ist nicht nur im Geist, sondern mit ihrem Leib, mit ihrem ganzen Selbst dorthin gelangt. Mit diesem Schritt der kleinen Jungfrau von Nazaret hat die Menschheit einen großen Sprung nach vorne getan. Es nutzt wenig, auf den Mond zu fliegen, wenn wir auf der Erde nicht als Geschwister leben. Doch dass eine von uns leiblich im Himmel wohnt, das gibt uns Hoffnung: Wir begreifen, dass wir kostbar und dazu bestimmt sind, aufzuerstehen. Gott wird nicht zulassen, dass sich unser Leib in nichts auflöst. Bei Gott geht nichts verloren! In Maria ist das Ziel erreicht, und wir haben den Grund unseres Unterwegsseins vor Augen: Wir sind nicht unterwegs, um die irdischen Dinge zu erringen, die vergehen, sondern um die himmlische Heimat zu erringen, die ewig ist.

Sei keine Kopie: Werde du selbst!

Es stimmt, dass die digitale Welt dich dem Risiko der Abkapselung, der Isolation oder des eitlen Vergnügens aussetzen kann. Doch vergiss nicht, dass es Jugendliche gibt, die auch in dieser Sphäre kreativ und zuweilen genial sind. Wie der junge

Carlo Acutis. Er wusste sehr genau, dass diese Mechanismen der Kommunikation, der Werbung und der sozialen Netzwerke benutzt werden können, um uns einzulullen, uns zu konsumsüchtigen, freizeitbesessenen, in die Negativität eingesperrten Subjekten zu machen. Doch er wusste die neuen Kommunikationstechniken zu nutzen, um das Evangelium weiterzugeben, um Werte und Schönheit zu kommunizieren.

Er ist nicht in die Falle gegangen. Er hat erkannt, dass viele Jugendliche nur scheinbar anders sind, letztendlich aber genau wie die anderen nur dem hinterherlaufen, was die Mächtigen ihnen mit den Mechanismen des Konsums und der Verdummung aufdrängen. Und das führt dazu, dass sie die Gaben, die der Herr ihnen geschenkt hat, nicht aufblühen lassen, sondern der Welt jene so persönlichen und einzigartigen Fähigkeiten vorenthalten, die Gott in jedem von uns angelegt hat. So kommt es, wie Carlo gesagt hat, dass »alle als Original geboren werden, aber als Kopie sterben«. Lass nicht zu, dass das auch mit dir passiert.

Lass nicht zu, dass sie dir die Hoffnung und die Freude rauben, dass sie dich einschläfern, um dich als Sklaven ihrer Interessen zu benutzen. Trau dich, mehr zu sein, weil dein Sein wichtiger ist als alles andere. Du brauchst weder Besitz noch schönen Schein. Du kannst es schaffen, das zu werden, was du in den Augen Gottes, deines Schöpfers, bist, wenn du erkennst, dass du zu sehr viel mehr berufen bist. Bete zum Heiligen Geist und gehe vertrauensvoll auf jenes große Ziel zu: die Heiligkeit. Dann wirst du keine Kopie, sondern ganz und gar du selbst sein.

IX.

Mach dir
die Hände schmutzig!

Stellt euch euren Ängsten!

Welche Ängste habt ihr? Was bereitet euch tief im Innern die größten Sorgen? Eine »Hintergrundangst«, die viele von euch haben, ist die, nicht geliebt, nicht gerngehabt, nicht so, wie ihr seid, akzeptiert zu werden. Viele Jugendliche haben heute das Gefühl, sie müssten anders sein, als sie in Wirklichkeit sind, und versuchen, sich oft künstlichen und unerreichbaren Standards anzupassen. Ständig bearbeiten sie ihre Fotos und verstecken sich hinter Masken und falschen Identitäten, bis sie am Ende beinahe selbst ein *Fake* sind. Viele sind von der Idee besessen, die größtmögliche Anzahl von »Likes« zu bekommen. Und aus diesem Gefühl, nicht zu genügen, erwachsen zahllose Ängste und Unsicherheiten. Andere haben Angst, keine emotionale Sicherheit zu finden und allein zu bleiben. Angesichts prekärer Arbeitsverhältnisse beschleicht viele die Furcht, dass sie im Beruf keine Befriedigung und Bestätigung finden und ihre Träume nicht verwirklichen können. Solche Ängste sind heute bei vielen jungen Menschen sehr präsent, Gläubigen wie Nichtgläubigen. Auch die, die das Geschenk des Glaubens empfangen haben und ernsthaft nach ihrer Berufung suchen, sind ganz bestimmt nicht frei von Ängsten. Einige denken: Vielleicht verlangt Gott früher oder später zu viel von mir; vielleicht werde ich nicht wirklich glücklich sein, wenn ich den Weg einschlage, den er mir zeigt, oder vielleicht werde ich dem, was er von mir erwartet, nicht gewachsen sein. Andere fragen sich: Wenn ich dem Weg folge, den Gott mir zeigt, wer garantiert mir dann, dass es mir gelingen wird, ihn bis zum Ende zu gehen? Wird es mir nicht irgendwann an Mut fehlen? Werde ich die Begeisterung verlieren? Werde ich imstande sein, ein ganzes Leben lang durchzuhalten? Ich lade euch ein, in euch hineinzublicken und euren Ängsten »einen Namen zu geben«. Fragt euch: Was macht mir heute, in dieser konkreten Situation, in der ich gerade lebe, was macht mir da Angst, wovor fürchte ich mich am meisten? Was blockiert mich und hindert mich daran, weiterzugehen? Warum habe ich nicht den Mut, die wichtigen Entscheidungen zu treffen, die ich treffen müsste? Habt keine Angst, ehrlich auf eure Ängste zu blicken, sie als das zu erkennen, was sie sind, und euch ihnen zu stellen.

Kleine Schritte, um besser zu werden

Jeder von uns kann eine kleine Gewissenserforschung halten und sich fragen: Wie habe ich bislang auf die Berufung des Herrn zur Heiligkeit reagiert? Habe ich Lust, ein besserer Mensch, ein besserer Christ, eine bessere Christin zu werden? Das ist der Weg zur Heiligkeit. Wenn der Herr uns einlädt, heilig zu werden, dann ruft er uns nicht zu etwas, das uns belastet oder uns traurig macht ... Ganz im Gegenteil! Er lädt uns ein, an seiner Freude teilzuhaben: jeden Augenblick unseres Lebens mit Freude zu leben und zu geben und so zu einem Geschenk der Liebe für die Menschen um uns herum werden zu lassen. Wenn wir das verstanden haben, dann wird alles anders und erhält eine neue, eine schöne Bedeutung. Angefangen bei den kleinen Alltäglichkeiten. Ich gebe euch ein paar Beispiele. Eine Frau geht zum Markt, um einzukaufen. Sie trifft eine Nachbarin, die beiden unterhalten sich, und bald schon kommt die Rede auf den neuesten Tratsch. Doch dann sagt diese Frau: »Nein, nein, nein, ich werde über niemanden etwas Schlechtes sagen.« Das ist ein Schritt in Richtung Heiligkeit, es hilft dir, heiliger zu werden. Oder wenn du nachhause kommst und dein kleiner Sohn will ein bisschen mit dir über seine Fantasiegeschichten reden und du würdest am liebsten sagen: »Oh nein, ich bin zu müde, ich habe heute so viel gearbeitet …«, doch stattdessen setzt du dich hin und hörst ihm geduldig zu: Das ist ein Schritt in Richtung Heiligkeit. Wenn wir am Ende des Tages müde sind und uns dennoch Zeit zum Beten nehmen oder wenn wir sonntags in die Messe gehen und die Kommunion empfangen – womöglich nachdem wir unser Inneres in einer guten Beichte ein bisschen ausgeputzt haben –, dann sind das alles Schritte zur Heiligkeit. Oder wenn wir an die Gottesmutter denken, die so gut war, so schön, und dann nehmen wir den Rosenkranz in die Hand und beten ihn: noch ein Schritt. Oder wenn ich die Straße entlanggehe und einen Armen sehe, einen Bedürftigen, und stehenbleibe und ihn frage, wie es ihm geht, und dann gebe ich ihm etwas: Das ist ein Schritt zur Heiligkeit.

Es sind Kleinigkeiten, aber viele kleine Schritte in Richtung Heiligkeit. Jeder Schritt macht uns zu besseren Menschen, die frei sind von Egoismus und Selbstverschlossenheit und offen für ihre Brüder und Schwestern und deren Bedürfnisse.

Wem willst du ähnlich sein?

Die »Ruhe«, die Christus den Erschöpften und Bedrängten anbietet, ist keine bloß psychologische Erleichterung oder eine Spende, ein Almosen, sondern die Freude der Armen darüber, dass ihnen das Evangelium geschenkt wurde und sie zu Baumeistern der neuen Menschheit geworden sind. Das ist die Erquickung, die Freude. Die Freude, die Jesus uns schenkt. Sie ist einzigartig, es ist seine eigene Freude. Es ist eine Botschaft an uns alle, eine Botschaft an alle Menschen guten Willens, die Jesus bis heute an die Welt richtet – doch die Welt huldigt jenen, die sich Reichtum und Macht verschaffen. Wie oft sagen wir: »Ach ja, ich wäre gerne wie diese Frau oder jener Mann, er ist reich, er hat so viel Macht, es fehlt ihm an nichts!« Die Welt huldigt den Reichen und Mächtigen, ganz gleich zu welchem Preis, und manchmal tritt sie dabei die Würde der menschlichen Person mit Füßen. Wir sehen sie jeden Tag, die Armen, die mit Füßen getreten werden. Es ist auch eine Botschaft an die Kirche, die berufen ist, die Werke der Barmherzigkeit zu leben und den Armen das Evangelium zu bringen, sanftmütig und demütig zu sein. So will der Herr seine Kirche, das heißt uns.

Nur die Liebe macht das Leben gesund

Schwester, Bruder, du bist hier: Lass Jesus in dein Herz schauen und es heilen. Auch ich muss das tun: zulassen, dass Jesus in mein Herz schaut und es heilt. Und wenn du diese Erfahrung schon gemacht, diesen zärtlichen Blick schon gespürt hast, der auf dir ruht, dann tu es ihm gleich, mach es wie er. Sieh dich um: Du wirst sehen, dass viele Menschen in deiner Nähe sich verletzt und einsam fühlen, sie haben das Bedürfnis, sich geliebt zu fühlen. Tu es. Jesus bittet dich um einen Blick, der nicht an Äußerlichkeiten hängenbleibt, sondern ins Herz sieht; einen Blick, der nicht urteilt – hören wir auf, über die anderen zu urteilen! –, sondern aufnimmt. Öffnen wir unser Herz, um die anderen aufzunehmen. Denn die Liebe, nur die Liebe, macht das Leben gesund.

Gott engagiert sich für dich – und was machst du?

Ich möchte mir einen Moment Zeit nehmen, um über das Thema Engagement zu sprechen. Was ist ein Engagement? Und was bedeutet es, sich zu engagieren? Wenn ich mich engagiere, dann heißt das, dass ich eine Aufgabe, dass ich Verantwortung für jemanden übernehme. Engagement betrifft auch den Stil, die Einstellung der Treue und Hingabe, der besonderen Aufmerksamkeit, mit der ich diese Aufgabe voranbringe. Wir sind jeden Tag aufgefordert, uns in den Dingen, die wir tun, zu engagieren: im Gebet, bei der Arbeit, im Studium, aber auch beim Sport, bei unseren Freizeitaktivitäten … Sich engagieren heißt also, unseren guten Willen und unsere Kräfte einzusetzen, um das Leben besser zu machen.

Auch Gott hat sich für uns engagiert. Worin hat sich dieses Engagement Gottes für uns geäußert? Das können wir sehr einfach im Evangelium nachlesen. Gott hat sich in Jesus ganz und gar engagiert, um den Armen wieder Hoffnung zu geben, den ihrer Würde Beraubten, den Fremden, den Kranken, den Gefangenen und den Sündern, die er gütig aufgenommen hat. Mit alledem war Jesus der lebendige Ausdruck der Barmherzigkeit des Vaters. Das ist das Engagement Gottes, und dazu hat er Jesus gesandt: um uns nahe zu sein, uns allen, und die Tür seiner Liebe, seines Herzens, seiner Barmherzigkeit zu öffnen. Und das ist sehr schön. Sehr schön!

Ausgehend von dieser barmherzigen Liebe, mit der Jesus das Engagement Gottes zum Ausdruck gebracht hat, können und sollen auch wir mit unserem Engagement seiner Liebe entsprechen. Vor allem in Situationen größerer Not, wo die Menschen besonders nach Hoffnung dürsten. Ich denke zum Beispiel an unser Engagement für Menschen, um die sich niemand kümmert, für Menschen mit schweren Beeinträchtigungen, für Schwerstkranke, für Sterbende, für Menschen, die nicht imstande sind, ihre Dankbarkeit auszudrücken ... In alle diese Situationen tragen wir die Barmherzigkeit Gottes hinein: durch ein Lebensengagement, das Zeugnis unseres Glaubens an Christus ist. Wir müssen diese Liebkosung Gottes – denn Gott hat uns mit seiner Barmherzigkeit gestreichelt – immer zu den anderen bringen, zu den Bedürftigen, zu denen, die Leid im Herzen tragen oder traurig sind: ihnen nahe sein mit jener Liebkosung Gottes – derselben, die er auch uns geschenkt hat.

Seid heilig, wo immer ihr lebt!

Um heilig zu sein, müssen wir keine Bischöfe, Priester oder Ordensleute sein. Oft sind wir versucht zu denken, Heiligkeit sei nur etwas für Menschen, die die Möglichkeit haben, sich aus den gewöhnlichen Beschäftigungen herauszuhalten und viel Zeit im Gebet zu verbringen. Doch so ist es nicht. Wir alle sind berufen, heilig zu sein, das heißt, mit Liebe zu leben und, jeder dort, wo er ist, in unseren Alltagsbeschäftigungen Zeugnis zu geben. Du bist eine Gottgeweihte oder ein Gottgeweihter? Dann sei heilig, indem du deine Berufung freudig lebst. Du bist verheiratet? Dann sei heilig, indem du deinen Mann oder deine Frau liebst und dich um ihn oder sie kümmerst, wie Christus es mit der Kirche gemacht hat. Du bist ein Arbeiter? Dann sei heilig, indem du ehrlich und kompetent und im Dienst deiner Mitmenschen deine Arbeit tust. Du bist Vater oder Mutter, Großvater oder Großmutter? Dann sei heilig, indem du den Kindern geduldig beibringst, Jesus nachzufolgen. Du hast einen hohen Posten? Dann sei heilig, indem du für das Gemeinwohl kämpfst und deine persönlichen Interessen hintanstellst.

Ein frommer Spruch ist nicht genug

Am Ende des Tages fordert Jesus die Jünger auf, den vielen Menschen zu essen zu geben. Wie kommt es zu dieser Aufforderung? Aus zwei Gründen: erstens, weil die Menschen, die Jesus nachgefolgt sind, unter freiem Himmel in einer unbewohnten Gegend sind und die Dunkelheit hereinbricht, und zweitens, weil die Jünger sich Sorgen machen und Jesus bitten, die Leute fortzuschicken, damit sie in die benachbarten Dörfer gehen und sich dort eine Unterkunft und etwas zu essen suchen können (vgl. Lk 9,12). Das ist also die Lösung der Jünger angesichts der Bedürftigkeit der Menge: alle fortzuschicken, damit jeder für sich selbst sorgt! Jeder soll für sich selbst sorgt! Wie oft erliegen wir Christen dieser Versuchung! Wir kümmern uns nicht um die Bedürfnisse der anderen, sondern verabschieden sie mit einem frommen

»Gott helfe dir«, oder mit einem nicht ganz so frommen »Viel Glück«, falls wir uns nicht mehr sehen … Doch die Lösung Jesu geht in eine andere Richtung, eine Richtung, die die Jünger überrascht: »Gebt ihr ihnen zu essen!« Doch wie sollen wir das machen, so vielen Menschen zu essen geben? »Wir haben nicht mehr als fünf Brote und zwei Fische; es sei denn, dass wir hingingen und für diese ganze Menge Nahrung kauften.« (Lk 9,13) Doch Jesus lässt sich nicht entmutigen: Er sagt den Jüngern, dass die Leute sich in Gruppen zu je fünfzig Personen hinsetzen sollen, dann hebt er die Augen zum Himmel, spricht den Segen, bricht die Brote und gibt sie den Jüngern, damit sie sie austeilen (vgl. Lk 9,16). Das ist ein Moment tiefer Gemeinschaft: Die Menge, die nach dem Wort des Herrn dürstet, wird nun mit seinem Lebensbrot gespeist. Und alle werden satt.

Leben heißt nicht überlackieren

Wir brauchen echte Männer und Frauen, keine Menschen, die nur so tun, als wären sie Männer und Frauen. Echte Männer und Frauen, die Verbrechen und Ausbeutung anprangern. Habt keine Angst, Missstände mit lauter Stimme anzuprangern! Wir brauchen Männer und Frauen, die freie und befreiende Beziehungen leben, die die Schwächeren lieben und sich – ein Spiegel ihrer inneren Aufrichtigkeit – leidenschaftlich für die Legalität einsetzen. Wir brauchen Männer und Frauen, die tun, was sie sagen, und die nein sagen zum grassierenden *Gattopardismo*. Wenn ich etwas voranbringen will, dann muss ich es tun und nicht bloß ein bisschen Lack darüberpinseln und weitermachen wie bisher. Nein. Leben heißt nicht überlackieren; Leben heißt sich engagieren, kämpfen, Missstände anprangern, diskutieren, das eigene Leben für ein Ideal aufs Spiel setzen, träumen …

Ein guter Christ

Gestern kam ein braver Mann zur Messe in Santa Marta, ein Unternehmer. Dieser Mann muss seine Fabrik schließen, weil er es nicht schafft, und er hat geweint und gesagt: »Ich kann das einfach nicht: über 50 Familien die Arbeit wegnehmen. Ich könnte Insolvenz anmelden und mein Geld mit nachhause nehmen, aber mein Herz wird mein ganzes Leben lang um diese Familien weinen.« Das ist ein guter Christ, der mit seinen Werken betet: Er ist zur Messe gekommen, um zu beten, damit der Herr ihm einen Ausweg zeigt: nicht nur für ihn selbst, sondern auch für sie. Dieser Mann weiß, wie man betet, mit seinem Herzen und mit seinen Taten, er weiß, wie man für seinen Nächsten betet. Er ist in einer schwierigen Situation. Und er sucht nicht den leichtesten Ausweg, er sagt nicht: »Sollen sie selbst sehen, wie sie klarkommen!« Das ist ein Christ. Es hat mir so gutgetan, ihn zu hören! Und vielleicht gibt es etliche wie ihn, heute, in dieser Zeit, wo so viele Menschen unter der Arbeitslosigkeit leiden.

Uns gegen die Traurigkeit wappnen

Mit Jesus können wir uns *gegen die Traurigkeit wappnen*. Wir werden unsere Fehlschläge, unsere Schwierigkeiten, unsere Probleme zuhause und auf der Arbeit, unsere nicht verwirklichten Träume immer vor Augen haben Doch ihr Gewicht wird uns nicht zermalmen, weil Jesus in unserem tiefsten Innern da ist und uns mit seiner Liebe ermutigt.

Keine trügerische Liebe!

Lieben, *wie* Jesus liebt, heißt, sich in Dienst zu stellen, in den Dienst an unseren Brüdern und Schwestern, wie er es getan hat, als er den Jüngern die Füße wusch. Es heißt auch, aus uns herauszugehen, uns von unseren menschlichen Sicherheiten und weltlichen Annehmlichkeiten zu lösen, um uns den anderen und insbesondere den Bedürftigeren zu öffnen. Es heißt, uns zur Verfügung zu stellen mit dem, was wir sind, und dem, was wir haben, will sagen: nicht mit Worten, sondern mit Taten zu lieben.

Lieben wie Christus heißt, nein zu anderen Arten der »Liebe« zu sagen, die die Welt uns vorschlägt: Liebe zum Geld – wer das Geld liebt, liebt nicht wie Jesus –, Liebe zum Erfolg, zur Eitelkeit, zur Macht ... Diese Wege einer trügerischen »Liebe« führen uns weg von der Liebe des Herrn und lassen uns immer egoistischer, narzisstischer und überheblicher werden. Und die Überheblichkeit führt dazu, dass die Liebe degeneriert, dass wir die anderen missbrauchen und dass wir den geliebten Menschen leiden lassen. Ich denke an jene kranke Liebe, die in Gewalt umschlägt – und wie viele Frauen werden heutzutage Opfer von Gewalt! Das ist keine Liebe. Lieben, wie der Herr uns liebt, heißt, den Menschen an unserer Seite zu schätzen, seine Freiheit zu achten, ihn zu lieben, wie er ist und nicht, wie wir ihn gerne hätten; wie er ist, bedingungslos. Letztendlich fordert Jesus uns dazu auf, in seiner Liebe zu bleiben, nicht in unseren eigenen Vorstellungen oder im Kult unseres Selbst, sondern in seiner Liebe zu wohnen. Wer im Kult seines Selbst wohnt, wohnt in einem Spiegel: immer in sein Bild versunken. Jesus fordert uns auf, die anderen nicht kontrollieren und manipulieren zu wollen, sondern ihnen zu dienen. Das Herz zu öffnen und sich zu verschenken: das ist Liebe.

Stürzt euch ins Leben!

Lasst nicht zu, dass andere die Protagonisten des Wandels sind! Ihr seid diejenigen, die Zukunft haben! Ihr ... Durch euch kommt die Zukunft in die Welt. Euch fordere ich auf, Protagonisten dieses Wandels zu sein. Kämpft weiter gegen die Apathie, schlagt eine christliche Antwort auf die sozialen und politischen Herausforderungen vor, die sich in den verschiedenen Regionen stellen. Ich bitte euch, euch an die Arbeit zu machen und Baumeister einer besseren Welt zu sein. Bitte, seht dem Leben nicht vom Balkon aus zu. Jesus ist nicht auf dem Balkon stehengeblieben, er hat sich mitten ins Leben gestürzt. Stürzt auch ihr euch ins Leben, wie Jesus es getan hat.

X.

Nie wieder allein

Der Dialog hält die Welt zusammen

Einander nahekommen, sich ausdrücken, einander zuhören, ansehen, kennenlernen, versuchen, einander zu verstehen und Berührungspunkte zu finden, das alles lässt sich in einem einzigen Wort zusammenfassen: »Dialog«. Um einander zu begegnen und zu helfen, müssen wir miteinander reden. Ich muss euch nicht erklären, wozu das gut ist. Ich brauche mir nur vorzustellen, wie die Welt ohne den geduldigen Dialog vieler großzügiger Menschen aussähe, die Familien und Gemeinschaften zusammengehalten haben. Der beharrliche und mutige Dialog sorgt nicht für Schlagzeilen wie die Zusammenstöße und Konflikte, und doch verhilft er der Welt unmerklich – und weit mehr, als wir uns das vorstellen können – zu einem besseren Leben.

Eine vernetzte Welt ... in der wir uns immer weiter voneinander entfernen

Heute scheint alles miteinander verbunden zu sein, doch in Wirklichkeit fühlen wir uns allzu isoliert, voneinander entfernt. Ich möchte, dass jeder von euch über die Einsamkeit in seinem Herzen nachdenkt: Wie oft seid ihr allein mit dieser Traurigkeit, dieser Einsamkeit? Sie ist das Thermometer, an dem ihr ablesen könnt, dass die Temperatur eurer Bereitschaft, andere aufzunehmen, euch die Hände schmutzig zu machen und zu dienen, zu niedrig ist. Die Traurigkeit ist ein Zeichen für mangelndes Engagement, und ohne Engagement könnt ihr niemals *Baumeister der Zukunft* sein! Doch ihr *müsst* Baumeister der Zukunft sein, die Zukunft liegt in euren Händen! Ihr könnt nicht einfach das Handy nehmen und eine Firma anrufen, damit sie euch die Zukunft baut. Die Zukunft musst du selbst gestalten, mit deinem Herzen, deiner Liebe, deinen Leidenschaften, deinen Träumen. Mit den anderen. Im Dienst an den anderen. Denk gut darüber nach: Die Zukunft liegt in *deinen* Händen.

Der Mut, den Schmerz der anderen zu teilen

Mitleid ist kein bloß materielles Gefühl; echtes Mitleid heißt, *mit jemandem zu leiden*, den Schmerz der anderen auf uns zu nehmen. Vielleicht tut es uns gut, uns einmal zu fragen: Habe ich Mitleid? Wenn ich Nachrichten über Kriege, Hungersnöte oder Pandemien lese, habe ich dann Mitleid mit denen, die unter den Folgen leiden? Habe ich Mitleid mit den Menschen in meiner Umgebung? Bin ich imstande, mit ihnen zu leiden, oder sehe ich weg, sage ich: »Sollen sie selbst sehen, wie sie klarkommen«? Vergiss dieses Wort nicht: »Mitleid«. Es bedeutet Vertrauen in die liebende Vorsehung des Vaters und mutiges Teilen.

Ein Mangel an Liebe

Ihr seid ohne jede Frage dazu berufen, Männer und Frauen der Begegnung zu sein. Die Welt von heute ist eine Welt der

Zusammenstöße und Kriege, die Menschen verstehen einander nicht. Ihr seid berufen, zu begegnen und begegnen zu lassen, Begegnungen zu begünstigen. Der Glaube gründet auf der Begegnung, einer Begegnung mit Gott. Gott hat uns nicht alleingelassen, *er* ist herabgekommen, um uns zu begegnen. *Er* kommt uns entgegen, *er* kommt uns zuvor, um uns zu begegnen. Und wenn wir einander begegnen, welchen Stellenwert hat dann die Würde der anderen? Gott will, dass wir nicht allein, sondern gemeinsam gerettet werden, dass wir nicht auf egoistische Weise jeder für sich, sondern gemeinsam glücklich sind, dass wir als Volk gerettet werden. Integration, Willkommenskultur, Solidarität, Respekt vor der Würde der anderen sind aus unserer Sicht keine guten Vorsätze für wohlerzogene Menschen, sondern typische Merkmale eines Christen. Ein Christ, der nicht solidarisch ist, ist kein Christ. Was heute fehlt, woran Mangel herrscht, ist die Liebe: nicht die sentimentale Liebe aus den *Telenovelas*, sondern die konkrete Liebe, die Liebe des Evangeliums. Und ich frage jeden von euch: Wie steht es um deine Liebe? Was zeigt dein Liebesthermometer an?

Ekstase und Gemeinschaft

Eine Begegnung mit Gott wird »Ekstase« genannt, wenn sie uns aus uns herausgehen lässt und uns emporhebt. Dann sind wir gefesselt von Gottes Liebe und Schönheit. Doch es kann auch sein, dass wir aus uns herausgehen sollen, um die Schönheit zu entdecken, die in jedem Menschen verborgen ist, seine Würde, seine Größe als Bild Gottes und Kind des Vaters. Deshalb ist es immer besser, den Glauben gemeinsam zu leben und unsere Liebe in einem gemeinschaftlichen Leben zum Ausdruck zu bringen, das heißt, unsere Hingabe, unsere Zeit, unseren Glauben und das, was uns umtreibt, mit anderen Jugendlichen zu teilen.

Wenn ein Ziegel mehr wert ist als ein Mensch

Ich erinnere mich an eine mittelalterliche Erzählung, die von einem Turmbau handelt. Die Arbeiter waren allesamt Sklaven, und wenn einer von ihnen abstürzte und starb, sagten die anderen gar nichts oder gaben höchstens einen knappen Kommentar ab: »Armer Kerl, er hat danebengetreten und ist abgestürzt.« Doch wenn ein Ziegelstein hinunterfiel, brachen alle in Wehklagen aus. Und der Schuldige wurde bestraft! Warum? Weil ein Ziegelstein in der Herstellung teuer war, er musste geformt und gebrannt werden. Das kostete Zeit und Mühe. Ein Ziegelstein war mehr wert als ein Menschenleben. Und jetzt soll jeder von uns einmal an heute denken. Leider kann so etwas auch heute geschehen. Wenn ein Aktienkurs abstürzt, steht es morgen in allen Zeitungen. Wenn Tausende von Menschen sterben, weil sie hungern, weil sie Not leiden, verliert niemand ein Wort darüber.

Nichts Böses zu tun genügt nicht ...

Manchmal meinen wir, Christ zu sein bedeute, nichts Böses zu tun. Nichts Böses zu tun ist gut. Aber nichts Gutes zu tun ist nicht gut. Wir müssen Gutes tun, aus uns herausgehen und hinsehen, die ansehen, die es am nötigsten haben. Es gibt so viel Hunger, sogar mitten in unseren Städten. Doch wir verfallen so oft in diese Logik der Gleichgültigkeit: Da ist ein Armer – und wir sehen in die andere Richtung. Reich dem Armen die Hand: Es ist Christus. Manche sagen: »Diese Priester, diese Bischöfe, die von den Armen reden, immer nur von den

Armen ... Wir wollen, dass sie uns vom ewigen Leben erzählen!« Schau, Bruder, Schwester, die Armen sind im Zentrum des Evangeliums: Jesus selbst hat uns gelehrt, zu den Armen zu sprechen, und Jesus ist um der Armen willen gekommen. Reich dem Armen die Hand. Du hast so viel bekommen und lässt zu, dass dein Bruder, deine Schwester Hungers sterben?

Liebe Brüder und Schwestern, jeder soll in seinem Herzen die Lehre Jesu wiederholen: »Reich dem Armen die Hand.« Und Jesus sagt uns noch etwas. Er sagt uns: »Weißt du, der Arme, das bin ich.«

Die tägliche Gelegenheit

Jeden Tag bietet sich uns eine neue Gelegenheit, eine neue Etappe. Wir dürfen nicht alles von den Regierenden erwarten, das wäre kindisch. Wir verfügen über einen Raum der Mitverantwortung, in dem wir neue Prozesse und Veränderungen anstoßen und hervorbringen können. Wir müssen uns aktiv an der Wiederherstellung und Unterstützung der verwundeten Gesellschaften beteiligen. Heute bietet sich uns die große Chance, unsere Geschwisterlichkeit zu beweisen, neue barmherzige Samariter zu sein, die den Schmerz des Scheiterns auf sich nehmen, statt Hass und Groll zu schüren. Dazu braucht es nicht mehr als den uneigennützigen, reinen und einfachen Wunsch, ein Volk zu sein, sich beharrlich und unermüdlich für Inklusion und Integration einzusetzen und den Gefallenen wiederaufzuhelfen; auch wenn wir oft in die Logik der Gewalttätigen verstrickt und dazu verurteilt sind, sie zu wiederholen: die Logik derer, deren Ehrgeiz sich nur auf sie selbst richtet und die Verwirrung und Lüge verbreiten. Sollen andere die Politik oder die Wirtschaft weiter für ihre

Machtspielchen missbrauchen.[23] Wir wollen das Gute stärken und uns in den Dienst des Guten stellen.

Wir können von unten anfangen und für die konkretesten Fälle vor Ort kämpfen, einen nach dem anderen, bis wir in die letzten Winkel unseres Heimatlandes und der Welt vordringen: mit der gleichen Aufmerksamkeit, mit der der Reisende aus Samaria jede Wunde des verletzten Mannes versorgt hat. Suchen wir die anderen und übernehmen wir Verantwortung für die Realität, die uns betrifft, ohne uns vor Leid oder Ohnmacht zu fürchten, denn dort ist all das Gute, das Gott dem Menschen ins Herz gelegt hat. Die Schwierigkeiten scheinen gewaltig, doch sie sind eine Gelegenheit zum Wachstum und keine Ausrede für jene träge Traurigkeit, die der Unterwerfung in die Hände spielt. Doch tun wir es nicht allein, nicht jeder für sich.

Trockne die Tränen deiner Schwestern und Brüder!

»Tröstet, tröstet mein Volk!« (Jes 40,1), diese herzzerreißenden Worte ruft uns der Prophet auch heute noch zu, damit die von Schmerz und Leid Geplagten ein Wort der Hoffnung erreicht. Lassen wir uns niemals die Hoffnung nehmen, die aus dem Glauben an den auferstandenen Herrn erwächst. Zwar werden wir oft auf eine harte Probe gestellt – und doch darf die Gewissheit, dass der Herr uns liebt, niemals schwinden. Seine Barmherzigkeit drückt sich auch in der Nähe, der Zuneigung und der Hilfe aus, die viele Brüder und Schwestern uns in den Tagen der Trauer und Betrübnis schenken können. Die Tränen zu trocknen ist eine konkrete Tat, die den Kreislauf der Einsamkeit, in den wir oft eingeschlossen sind, aufbrechen kann.

Wenn das Dunkel der Einsamkeit auf dir lastet

Schwester, Bruder, wenn das Dunkel der Einsamkeit auf dir lastet, wenn du einen Stein in dir trägst, der die Hoffnung begräbt, wenn du eine brennende Wunde im Herzen hast, wenn du keinen Ausweg findest, dann öffne dich dem Geist. Er, so schreibt der heilige Bonaventura, »bringt größten Trost, wo größte Not herrscht: nicht wie die Welt, die im Glück tröstet und schmeichelt, aber im Unglück verlacht und verurteilt« (*Sermo II am Sonntag nach Christi Himmelfahrt*). So macht es die Welt und so macht es vor allem der Feind, der Teufel: Zuerst schmeichelt er uns und gibt uns das Gefühl der Unbesiegbarkeit – die Schmeicheleien des Teufels blähen die Eitelkeit auf –, und dann lässt er uns fallen und gibt uns das Gefühl der Unzulänglichkeit: Er spielt mit uns. Er tut alles, um uns am Boden zu sehen, wohingegen der Geist des Auferstandenen uns wiederaufrichten will. Sehen wir uns die Apostel an: Sie waren allein an jenem Morgen, sie waren allein und verwirrt, sie hatten aus Angst die Türen verschlossen, sie lebten in Furcht und hatten all ihre Schwächen und Fehlschläge, all ihre Sünden vor Augen: Sie hatten Jesus Christus verleugnet. Die Jahre mit Jesus hatten sie nicht verändert, sie waren noch immer dieselben. Dann empfangen sie den Geist und alles wird anders: Ihre Probleme und Defizite sind nicht verschwunden, doch sie haben keine Angst mehr vor ihnen, denn sie haben nicht einmal mehr Angst vor denen, die ihnen Böses tun wollen. Sie fühlen sich innerlich getröstet und wollen den Trost Gottes in die Welt hinaustragen. Zuvor völlig verängstigt, fürchten sie jetzt nur noch eines: dass sie kein Zeugnis geben von der Liebe, die ihnen geschenkt worden ist.

Wir brauchen alle

Wir müssen uns wieder neu bewusst machen, dass wir einander brauchen, dass wir füreinander und für die Welt verantwortlich sind und dass es sich lohnt, gut und ehrlich zu sein. Wir sind schon viel zu lange moralisch auf dem Abstieg, wir machen uns schon viel zu lange lustig über die Ethik, das Gutsein, den Glauben, den Anstand. Es ist Zeit, uns einzugestehen, dass diese fröhliche Oberflächlichkeit uns nicht sehr weit gebracht hat. Diese Zerstörung sämtlicher Grundlagen des sozialen Lebens führt letztlich dazu, dass jeder gegen jeden kämpft, um die eigenen Interessen zu wahren, sie lässt neue Formen von Gewalt und Grausamkeit entstehen und verhindert die Entwicklung einer echten ökologischen Kultur.

Das Beispiel der heiligen Thérèse von Lisieux lädt uns ein, den kleinen Weg der Liebe zu praktizieren und uns keine Chance zu einem freundlichen Wort, einem Lächeln, irgendeiner kleinen Geste entgehen zu lassen, die Frieden und Freundschaft stiftet. Eine ganzheitliche Ökologie besteht auch aus schlichten Alltagsgesten, mit denen wir die Logik der Gewalt, der Ausbeutung und des Egoismus durchbrechen. Umgekehrt ist die Welt des erbitterten Konsums dieselbe Welt, die das Leben in all seinen Formen misshandelt.

Geschwisterlichkeit und soziale Freundschaft

Es gibt eine Episode im Leben des heiligen Franziskus, die uns die Grenzenlosigkeit seines Herzens und seine Fähigkeit vor Augen führt, durch Herkunft, Nationalität, Hautfarbe oder Religion gezogene Gräben zu überwinden. Diese Episode ist sein Besuch bei Sultan Malik al-Kamil in Ägypten, ein Besuch, der ihm aufgrund seiner Armut, der spärlichen Ressourcen, auf die er zurückgreifen konnte, der Entfernung und der sprachlichen, kulturellen und religiösen Unterschiede sehr viel abverlangte. Diese Reise in der historischen Zeit der Kreuzzüge beweist einmal mehr die Größe dieser so umfassenden Liebe, die er leben und in deren Umarmung er alle hineinnehmen wollte. Die Treue zu seinem Herrn war genauso groß wie seine Liebe zu den Brüdern und Schwestern. Ohne die Augen vor den Schwierigkeiten und Gefahren zu verschließen, suchte der heilige Franziskus die Begegnung mit dem Sultan und tat damit das Gleiche, was er auch von seinen Schülern verlangte: dass sie nämlich, »wenn sie unter die Sarazenen oder andere Ungläubige gehen wollen [...] weder Zank noch Streit beginnen, sondern ›um Gottes willen jeder menschlichen Kreatur‹ (1 Petr 2,13) untertan sind« (*Nicht-bullierte Regel, Kap. 16*).[24] Im damaligen Kontext war das eine außerordentliche Forderung. Es ist beeindruckend, dass Franziskus vor 800 Jahren dazu riet, jedwede Form der Aggression oder Auseinandersetzung zu vermeiden und auch Andersgläubigen mit demütiger und geschwisterlicher »Untertänigkeit« zu begegnen.

Er führte keinen dialektischen Krieg, um eine Lehre durchzusetzen, sondern sprach von der Liebe Gottes. Er hatte verstanden, dass Gott Liebe ist, »und wer in der Liebe bleibt, der bleibt in Gott und Gott bleibt in ihm« (1 Joh 4,16). Auf diese Weise war er ein fruchtbarer Vater, der den Traum von einer geschwisterlichen Gesellschaft aufbrachte, denn »Vater kann man nur den nennen, der die anderen in ihrer Eigenart akzeptiert, nicht, um sie an sich zu binden, sondern um ihnen zu helfen, ein wenig mehr zu sich selbst zu finden.«[25]

In jener Welt voller Wachtürme und Verteidigungsmauern tobten in den Städten blutige Kriege zwischen mächtigen Familien, während die Elendsviertel an den ausgegrenzten Peripherien größer und größer wurden. Dort fand Franziskus den wahren inneren Frieden, befreite sich von jedwedem Drang, über andere zu herrschen, wurde einer der Geringsten und versuchte, mit allen in Einklang zu leben.

Stifte Frieden, wo immer du bist!

Wir alle sind aufgerufen, in unserem Herzen wieder einen Impuls der Hoffnung zu entfachen, der sich in konkreten Werken des Friedens äußern muss. Du hast Streit mit diesem oder jenem? Schließ Frieden. Zuhause? Schließ Frieden. In deiner Gemeinde? Schließ Frieden. Am Arbeitsplatz? Schließ Frieden. Tue Werke des Friedens, der Versöhnung und der Geschwisterlichkeit. Jeder von uns ist zu Gesten der Geschwisterlichkeit gegenüber seinen Nächsten und vor allem gegenüber jenen aufgerufen, die unter familiären Spannungen oder Konflikten verschiedenster Art leiden. Diese kleinen Gesten sind so wertvoll: Sie können Samenkörner sein, die Hoffnung schenken, sie können Wege und Perspektiven des Friedens eröffnen.

Ein neuer Bund zwischen jungen und alten Menschen

Wir brauchen heute einen neuen Bund zwischen jungen und alten Menschen, wir sind darauf angewiesen, den gemeinsamen Schatz des Lebens zu teilen, gemeinsam zu träumen und die Konflikte zwischen den Generationen zu überwinden, um allen eine Zukunft zu bereiten. Ohne diesen Bund des Lebens, der Träume, der Zukunft laufen wir Gefahr, Hungers zu sterben, weil die zerbrochenen Beziehungen, Einsamkeit, Egoismus und die Kräfte des Verfalls immer häufiger werden.

In unseren Gesellschaften leben wir nicht selten nach dem Prinzip, dass »jeder für sich selbst sorgen soll«. Doch das ist tödlich! Das Evangelium ruft uns dazu auf, das, was wir sind, und das, was wir haben, miteinander zu teilen: Nur dann werden wir satt werden. Ich habe schon oft an das erinnert, was der Prophet Joël zu diesem Thema zu sagen hat (vgl. Joël 3,1): Junge und Alte gemeinsam. Die Jungen als Propheten der Zukunft, die aber die Geschichte, aus der sie hervorgegangen sind, nicht vergessen; und die Alten als unermüdlich Träumende, die ihre Erfahrung an die Jungen weitergeben, ohne ihnen Steine in den Weg zu legen.

Junge und alte Menschen, der Schatz der Tradition und die Frische des Geistes. Junge und Alte gemeinsam. In der Gesellschaft und in der Kirche: gemeinsam.

Dialog und Identität

Offenheit unter den Völkern gibt es nur auf der Basis der Liebe zur eigenen Heimat, zum eigenen Volk und zu den eigenen kulturellen Merkmalen. Ich kann dem anderen nur begegnen, wenn ich einen Boden habe, in dem ich fest verwurzelt bin, denn auf dieser Grundlage kann ich das Geschenk des anderen annehmen und ihm selbst etwas Authentisches geben. Einen Menschen, der anders ist als ich, aufzunehmen und seinen eigenständigen Beitrag anzuerkennen, ist nur möglich, wenn ich fest mit meinem Volk und seiner Kultur verbunden bin. Jeder liebt und pflegt seinen heimatlichen Boden mit besonderer Verantwortung und sorgt für sein eigenes Land, wie ja auch jeder sein Haus lieben und pflegen muss, damit es nicht einstürzt.

In Wirklichkeit gerät eine vernünftige Offenheit nie in Widerspruch zur Identität. Eine lebendige Kultur erstellt nämlich, wenn sie durch Elemente anderer Herkunft bereichert wird, keine bloße Kopie oder Wiederholung derselben, sondern integriert das Neue auf ihre jeweils eigene Art. Dadurch entsteht eine neue Synthese, die letztlich allen zugutekommt, weil auch die Kultur, aus der die betreffenden Beiträge stammen, von diesem Feedback profitiert.

Mauern vermeiden

Es gibt Formen von Lokalnarzissmus, die keine vernünftige Liebe zum eigenen Volk und zur eigenen Kultur zum Ausdruck bringen. Hinter ihnen verbirgt sich ein verschlossener Geist, der aus einer gewissen Unsicherheit heraus und aus Angst vor dem anderen lieber Verteidigungswälle errichtet, um sich selbst zu schützen. Doch man kann nicht auf vernünftige Weise lokal sein, ohne sich aufrichtig und von Herzen auf das Universale hin zu öffnen, ohne sich von dem hinterfragen zu lassen, was anderswo geschieht, ohne sich von anderen Kulturen bereichern zu lassen und ohne sich mit den Tragödien anderer Völker zu solidarisieren. Ein solcher Lokalnarzissmus verbarrikadiert sich zwanghaft hinter einigen wenigen Vorstellungen, Bräuchen und Sicherheiten. Er ist außerstande, die Vielfalt der Möglichkeiten und des Schönen zu bewundern, die die ganze Welt ihm bietet, und unfähig zu echter und großzügiger Solidarität. In einem solchen Fall ist das lokale Leben nicht mehr wirklich aufnahmefähig, es lässt sich nicht mehr durch den anderen vervollständigen; dadurch sind seine Entwicklungsmöglichkeiten beschränkt und es wird schließlich statisch und krank.

Denn in Wirklichkeit ist jede gesunde Kultur von Natur aus aufgeschlossen und gastfreundlich.

Bauen wir eine Kultur des »Sich-Kümmerns«!

Wir können Frieden schaffen, wenn wir anfangen, mit uns selbst – innerlich, in unserem Herzen – und mit den Menschen um uns herum in Frieden zu leben, und wenn wir die Hindernisse aus dem Weg räumen, die uns davon abhalten, uns um die Bedürftigen und Notleidenden zu kümmern. Es geht darum, eine Mentalität und eine Kultur des »Sich-Kümmerns« zu entwickeln, um die Gleichgültigkeit zu besiegen, um die Ausgrenzung und Rivalität zu besiegen, die leider überhandnehmen. Diese Haltungen gilt es zu eliminieren. Dann ist der Friede nicht nur die Abwesenheit von Krieg. Frieden ist niemals aseptisch, es gibt keinen *Quirófano*-Frieden – *quirófano* ist das spanische Wort für Operationssaal. Nein, der Friede ist im Leben: Er ist nicht nur die Abwesenheit von Krieg, sondern ein von Sinn erfülltes Leben, das in der persönlichen Verwirklichung und im geschwisterlichen Miteinander angegangen und gelebt wird. Dann wird jener so sehnlichst erhoffte und von Gewalt, Egoismus und Bosheit bedrohte Friede, dann wird jener gefährdete Friede möglich und erreichbar: wenn ich ihn als eine Aufgabe begreife, die Gott mir gestellt hat.

Doch menschliche Kräfte allein reichen nicht aus, weil der Friede vor allem ein Geschenk ist, ein Gottesgeschenk; er muss in unablässigem Gebet erfleht, in geduldigem und respektvollem Dialog gefestigt und in einer Zusammenarbeit aufgebaut werden, die offen für die Wahrheit und die Gerechtigkeit und stets auf die berechtigten Bestrebungen der Menschen und Völker bedacht ist. Das wünsche ich uns: dass in den Herzen der Menschen und der Familien Friede herrschen möge; in der Arbeitswelt und dort, wo wir unsere Freizeit verbringen, in den Gemeinschaften und in den Nationen. In den Familien, auf der Arbeit, in den Nationen: Frieden. Frieden.

Eine wunderbare gemeinsame Pilgerfahrt

Wenn das Herz wirklich für eine weltumspannende Gemeinschaft offen ist, dann ist nichts und niemand von dieser Geschwisterlichkeit ausgeschlossen. Das wiederum heißt, dass Gleichgültigkeit oder Grausamkeit gegenüber den anderen Geschöpfen dieser Welt sich letztlich auch immer darauf auswirken, wie wir unsere Mitmenschen behandeln. Wir haben nur ein Herz, und dieselbe Erbärmlichkeit, die uns veranlasst, ein Tier zu quälen, wird sich früher oder später auch in unseren Beziehungen zu anderen Menschen manifestieren. Jede Misshandlung eines beliebigen Geschöpfs »widerspricht der Würde des Menschen«.[26] Wir können uns nicht für wahrhaft liebende Menschen halten, wenn wir einen Teil der Wirklichkeit aus unseren Interessen ausschließen. Alles hängt mit allem zusammen, und wir Menschen befinden uns alle gemeinsam wie Brüder und Schwestern auf einer wunderbaren Pilgerfahrt: geeint durch die Liebe, mit der Gott jedes seiner Geschöpfe liebt und die uns in zärtlicher Zuneigung auch mit Bruder Sonne und Schwester Mond, mit Bruder Fluss und mit der Mutter Erde verbindet.

XI.

Gegen den Strom

Gegen die Wegwerfmentalität

Es sind nicht nur die Zweifel und die Fragen nach dem Warum, die den großen und großzügigen Entscheidungen auflauern: Es gibt noch viele andere Hindernisse, und das jeden Tag. Da ist das Konsumfieber, das das Herz mit überflüssigen Dingen betäubt. Da ist der Vergnügungszwang – scheinbar die einzige Möglichkeit, den Problemen zu entkommen –, der die Probleme tatsächlich aber nur aufschiebt. Da ist das Pochen auf die eigenen Rechte, das uns die Pflicht vergessen lässt, anderen zu helfen. Und da ist schließlich die große Illusion über die Liebe, die etwas zu sein scheint, das im Rhythmus der Emotionen gelebt werden muss, obwohl Liebe doch vor allem Geschenk, Entscheidung und Opfer ist. Sich zu entscheiden heißt gerade heute nicht, sich an die Kette der Gleichmacherei legen zu lassen; es heißt nicht, sich von den Mechanismen des Konsums einlullen zu lassen, die die Originalität ausschalten; es heißt vielmehr, auf Schein und Schau verzichten zu können. Sich für das Leben zu entscheiden heißt, gegen die Wegwerf- und die »Alles-Sofort«-Mentalität zu kämpfen, um unser Dasein seinem himmlischen Ziel, den Träumen Gottes entgegenzusteuern.

Künstliches Licht und Licht des Friedens

Das Licht, das die Welt uns bietet, ist ein künstliches Licht. Es ist hell wie ein Feuerwerk, wie das Blitzlicht an einem Fotoapparat. Vielleicht heller als das Licht Jesu, dessen Licht im Gegenteil sanft und ruhig ist. Es ist wie das Licht der Heiligen Nacht: Es drängt sich nicht auf, sondern bietet sich an und schenkt Frieden. Das Licht Jesu erregt kein Aufsehen, es ist ein Licht, das ins Herz kommt. Es stimmt, dass der Teufel – das sagt der heilige Paulus – sich oft als ein Engel des Lichts verkleidet. Es gefällt ihm, das Licht Jesu nachzuahmen. Er tut freundlich und spricht mit uns, ganz ruhig, so, wie er nach dem Fasten in der Wüste mit Jesus gesprochen hat: »Wenn du der Sohn Gottes bist, dann tu dieses Wunder, stürz dich vom Tempel hinunter.« Er sagt das ganz ruhig, und deswegen ist es so tückisch.

Deshalb rate ich, den Herrn um die Weisheit der Unterscheidung zu bitten, damit wir erkennen, wann das Licht von Jesus kommt und wann vom Teufel, der sich als Engel verkleidet hat. Wie viele meinen, sie lebten im Licht, sind jedoch in der Finsternis und merken es nicht! Bitten wir also den Herrn, dass er uns heute die Gnade seines Lichts gewährt und uns lehrt, sein Licht von jenem künstlichen Licht zu unterscheiden, mit dem der Feind uns täuschen will.

Sehe ich, was ich ansehe?

Mein Blick, wie ist mein Blick? Sehe ich aufmerksam hin oder ist es derselbe Blick, mit dem ich mich durch die vielen tausend Fotos auf meinem Smartphone oder in den sozialen Profilen hindurchklicke? Wie oft werden wir heute zu Augenzeugen unzähliger Ereignisse, ohne sie wirklich mitzuerleben! Manchmal nehmen wir eine Szene spontan mit dem Smartphone auf und versäumen es womöglich, den beteiligten Personen in die Augen zu sehen.

Um uns herum – doch manchmal auch in unserem eigenen Innern – begegnen uns Realitäten des Todes: eines physischen, spirituellen, emotionalen oder sozialen Todes. Sind wir uns dessen bewusst oder ertragen wir einfach die Konsequenzen? Können wir etwas tun, um wieder Leben zu schenken?

Gegen die Rückgratlosen

Wir wollen keine Jugendlichen ohne Rückgrat, Jugendliche, die irgendwie da sind, aber zu nichts ja oder nein sagen. Wir wollen keine Jugendlichen, die sofort müde werden und mit gelangweiltem Gesicht ein müdes Leben führen. Wir wollen starke Jugendliche. Wir wollen Jugendliche, die Hoffnung und Kraft haben. Warum? Weil sie Jesus kennen, weil sie Gott kennen. Weil sie ein freies Herz haben. Doch das erfordert Opfer, dazu muss man gegen den Strom schwimmen. Die Seligpreisungen sind das Programm, das Jesus für uns entworfen hat. Und dieses Programm schwimmt gegen den Strom. Jesus sagt: »Selig die Armen im Geist«, und nicht: »Selig die Reichen, selig, die Geld anhäufen.« Nein. Die Armen im Geist, diejenigen, die auf einen Armen zugehen und ihn verstehen können. Jesus sagt nicht: »Selig, die sich eine gute Zeit machen«, sondern: »Selig, die mit den anderen mitleiden können.«

Gegen die Überheblichen

In der dritten Seligpreisung sagt Jesus: »Selig die Sanftmütigen; denn sie werden das Land erben« (Mt 5,5). Brüder und Schwestern, die Sanftmut! Die Sanftmut ist typisch für Jesus,

der von sich selbst sagt: »Lernt von mir; denn ich bin sanftmütig und demütig von Herzen« (Mt 11,29). Die Sanftmütigen
wissen sich zu beherrschen, sie geben dem anderen Raum, hören ihm zu und respektieren ihn in seiner Lebensweise, seinen
Bedürfnissen und seinen Ansprüchen. Sie wollen ihn weder
unterwerfen noch herabsetzen, sie wollen weder alles bestimmen und dominieren noch auf Kosten der anderen ihre eigenen
Vorstellungen und Interessen durchsetzen. Diese Menschen,
die die weltliche Mentalität nicht schätzt, sind desto wertvoller
in den Augen Gottes, der ihnen das Land der Verheißung zum
Erbe gibt, das heißt das ewige Leben. Auch diese Seligpreisung
beginnt auf der Erde und erfüllt sich im Himmel, in Christus.
Die Sanftmut. In der gegenwärtigen Phase der Geschichte, in
der auch das Alltagsleben so von Aggressivität geprägt ist und
die ersten Reaktionen, die uns in den Sinn kommen, Aggression und Abwehr sind, brauchen wir die Sanftmut, um weiter
auf dem Weg der Heiligkeit zu gehen. Zuhören, respektieren,
nicht aggressiv sein: Sanftmut.

Liebe Brüder und Schwestern, die Entscheidung für Rein-
heit, Sanftmut und Barmherzigkeit, die Entscheidung, in der
Armut des Geistes und in der Bedrängnis auf den Herrn
zu vertrauen, die Entscheidung, sich für Gerechtigkeit und
Frieden einzusetzen – all das bedeutet, gegen den Strom zu
schwimmen: gegen die Mentalität dieser Welt, gegen die
Kultur des Besitzens, der sinnlosen Vergnügungen und der
Überheblichkeit gegenüber den Schwächeren.

Für die Gerechtigkeit, gegen die Ungerechtigkeiten
»Selig, die hungern und dürsten nach der Gerechtigkeit«, diese Aussage richtet sich an die, die für Gerechtigkeit kämpfen,

die dafür kämpfen, dass in der Welt Gerechtigkeit herrscht. Jesus sagt: »Selig, die gegen die Ungerechtigkeiten kämpfen.« Wahrhaftig, diese Lehre geht gegen den Strom dessen, was die Welt uns sagt!

Gegen die Weltlichkeit

Die Seligpreisungen Jesu enthalten eine revolutionäre Neuheit, ein gänzlich anderes Glücksmodell, als es uns normalerweise von den Medien und vom herrschenden Denken vermittelt wird. Für die weltliche Mentalität ist es ein Skandal, dass Gott gekommen ist, um einer von uns zu werden, und dass er am Kreuz gestorben ist! In der Logik dieser Welt gelten die, die Jesus selig nennt, als »Verlierer«, als schwach. Gepriesen werden dagegen der Erfolg um jeden Preis, der Wohlstand, die Überheblichkeit der Macht und die Selbstbehauptung auf Kosten der anderen.

Bescheiden leben

Reichtümer garantieren dir gar nichts, im Gegenteil: Wenn das Herz meint, reich zu sein, ist es derart selbstzufrieden, dass kein Raum mehr bleibt für das Wort Gottes, für die geschwisterliche Liebe und für die Freude an den wichtigsten Dingen des Lebens. Auf diese Weise beraubt man sich der größten Güter. Deshalb bezeichnet Jesus die Armen im Geist als selig: Sie haben ein armes Herz, in das der Herr mit seiner immerwährenden Neuheit eintreten kann.

Diese Armut im Geist ist eng mit jener »heiligen Gleichmut« des heiligen Ignatius von Loyola verwandt, durch die wir zu einer schönen inneren Freiheit gelangen: »Darum ist es notwendig, uns allen geschaffenen Dingen gegenüber gleichmütig zu verhalten in allem, was der Freiheit unseres freien Willens überlassen und nicht verboten ist. Auf diese Weise sollen wir von unserer Seite Gesundheit nicht mehr verlangen als Krankheit, Reichtum nicht mehr als Armut, Ehre nicht mehr als Schmach, langes Leben nicht mehr als kurzes, und folgerichtig so in allen übrigen Dingen.«[27]

Lukas spricht nicht von der Armut »im Geist«, sondern einfach von den »Armen« (vgl. Lk 6,20) und lädt uns damit auch zu einem bescheidenen und einfachen Lebensstil ein. Auf diese Weise ruft er uns dazu auf, das Leben der Bedürftigsten zu teilen, das Leben, das die Apostel gelebt haben, und letztlich Jesus ähnlich zu werden, der, »obschon er reich war, [...] arm geworden ist« (2 Kor 8,9).

Im Herzen arm sein: das ist Heiligkeit.

Jesus vollbringt Wunder, indem er teilt

Jesus erschafft die Brote und Fische nicht aus dem Nichts, nein: Er arbeitet mit dem, was die Jünger ihm bringen. Einer von ihnen sagt: »Es ist ein Junge da, der fünf Gerstenbrote hat und zwei Fische. Aber was ist das für so viele?« (Joh 6,9) Es ist wenig, es ist nichts, aber für Jesus ist es genug.

Versuchen wir nun, uns in jenen Jungen hineinzuversetzen. Die Jünger bitten ihn, alles, was er zu essen hat, mit den anderen zu teilen. Dieser Vorschlag scheint unsinnig, ja sogar ungerecht. Warum soll man einem Menschen, einem Jungen obendrein, das wegnehmen, was er von zuhause mitgenommen hat und was von Rechts wegen ihm gehört? Warum soll man diesem einen wegnehmen, was ohnehin nicht ausreicht, um alle zu sättigen? Menschlich gesprochen ist das unlogisch. Aber nicht für Gott. Dank dieser kleinen, uneigennützigen und ebendeshalb heroischen Gabe kann Jesus alle sattmachen. Das ist eine wichtige Lektion für uns. Sie sagt uns, dass der Herr viel tun kann mit dem Wenigen, das wir ihm zur Verfügung stellen. Es wäre schön, wenn wir uns täglich fragen würden: »Was kann ich Jesus heute bringen?« Er kann viel tun mit unserem Gebet, unserer Geste der Nächstenliebe, ja sogar mit unserer Armseligkeit, wenn wir sie seiner Barmherzigkeit anempfehlen. Wenn wir Jesus unsere Kleinigkeiten geben, wird er Wunder tun. Gott liebt es, so zu handeln: Er macht Großes aus den kleinen Dingen, die wir uneigennützig hergeben. Wir fügen gerne hinzu, wir lieben die Additionen, aber Jesus liebt die Subtraktionen: etwas wegzunehmen, um es den anderen zu geben. Wir wollen die Dinge für uns selbst vervielfachen; aber Jesus schätzt es, wenn wir den anderen etwas abgeben, wenn wir teilen. Es ist merkwürdig, dass das Wort »vermehren« in den Erzählungen von der Brotvermehrung gar nicht vorkommt. Die Verben, die in den Evangelien verwendet werden, sind von ganz anderer Art: »brechen«, »geben«, »verteilen« (vgl. Joh 6,11; Mt 14,19; Mk 6,41; Lk 9,16). Doch das Verb »vermehren« wird nicht benutzt. Das eigentliche Wunder, sagt Jesus, ist nicht die Vermehrung, die Stolz und Macht hervorbringt, sondern das Abgeben, das Teilen, das die Liebe wachsen lässt und Gott die Möglichkeit gibt, Wunder zu tun. Versuchen wir mehr zu teilen, versuchen wir diesen Weg zu gehen, den Jesus uns lehrt.

Auch heute löst die Vermehrung der Güter keine Probleme, wenn sie nicht mit einer gerechten Verteilung einhergeht. Ich denke an die Tragödie des Hungers, die insbesondere die Kleinsten betrifft. Berechnungen zufolge sterben täglich weltweit etwa 7000 Kinder unter fünf Jahren an den

Folgen der Unterernährung, weil es am Lebensnotwendigen fehlt. Angesichts solcher Skandale ergeht die Aufforderung Jesu auch an uns: eine ähnliche Aufforderung, wie sie vermutlich auch der namenlose Junge aus dem Evangelium erhalten hat, in dem wir uns alle wiedererkennen können: »Nur Mut, gib das Wenige, das du hast, deine Talente und deine Güter, stell sie Jesus und den Brüdern und Schwestern zur Verfügung. Hab keine Angst, nichts wird verlorengehen, denn wenn du teilst, dann wird Gott vervielfachen. Lege die falsche Bescheidenheit ab, dich unzulänglich zu fühlen, hab Vertrauen. Glaube an die Liebe, glaube an die Macht des Dienens, glaube an die Kraft der Uneigennützigkeit.«

Lass sie dich ruhig für dumm halten …

Jesus sagt: keine Kriege, keinen Hass! Frieden, Sanftmut! Der eine oder andere wird vielleicht einwenden: »Wenn ich im Leben so sanftmütig bin, dann werden sie mich für einen Dummkopf halten.« Vielleicht ist das so. Sollen die anderen das ruhig denken – du aber sei sanftmütig, denn mit dieser Sanftmut wirst du das Land erben!

Gott ist immer Neuheit

Gott ist immer Neuheit, er drängt uns ständig, wiederaufzubrechen und den Platz zu wechseln, um über das Bekannte hinaus an die Peripherien und Grenzen zu gehen. Er führt uns dorthin, wo die Menschheit besonders verletzt ist und die Menschen unter dem Anschein der Oberflächlichkeit und des Konformismus nicht aufgehört haben, nach der Antwort auf die Frage nach dem Sinn des Lebens zu suchen. Gott hat keine Angst! Er hat keine Angst! Er geht immer über unsere Raster hinaus und hat keine Angst vor den Peripherien. Er ist selbst Peripherie geworden (vgl. Phil 2,6–8; Joh 1,14). Deshalb werden wir ihn finden, wenn wir uns trauen, an die Peripherien zu gehen, er wird schon dort sein. Jesus kommt uns zuvor: im Herzen jenes Mitmenschen, in seinem verwundeten Fleisch, in seinem unterdrückten Leben, in seiner verfinsterten Seele. Er ist schon da.

Seid stolz darauf, gegen den Strom zu schwimmen!

Was bedeutet es, »sein Leben um Jesu willen zu verlieren«? Das kann auf zweierlei Weise geschehen: explizit durch das Bekenntnis unseres Glaubens oder implizit durch das Eintreten für die Wahrheit. Die Märtyrer sind das größte Beispiel dafür, was es heißt, sein Leben für Christus zu verlieren. Die Schar der Männer und Frauen, die in den letzten 2000 Jahren ihr Leben geopfert haben, um Jesus Christus und seinem Evangelium treu zu bleiben, ist unüberschaubar. Auch heute gibt es in vielen Teilen der Welt viele, viele, viele Märtyrer, die ihr Leben für Christus hingeben, die den Tod finden, weil sie Jesus Christus nicht verleugnen wollen. Das ist unsere Kirche. Wir haben heute mehr Märtyrer als in den ersten Jahrhunderten! Doch es gibt auch ein alltägliches Martyrium, bei dem man zwar nicht stirbt, aber ebenfalls um Christi willen »sein Leben verliert«, indem man mit Liebe, gemäß der Logik Jesu, der Logik von Geschenk und Opfer, seine Pflicht tut. Denken wir an die vielen Väter und Mütter, die Tag für Tag ihren Glauben in die Tat umsetzen und ihr Leben auf ganz konkrete Weise für das Wohl ihrer Familie hingeben! Denken wir an sie! Wie viele Priester und Ordensleute versehen großzügig ihren Dienst am Reich Gottes! Wie viele Jugendliche verzichten auf ihre eigenen Interessen, um für Kinder, für Menschen mit Beeinträchtigung, für alte Menschen da zu sein … Auch sie sind Märtyrer! Alltägliche Märtyrer, Märtyrer des Alltags!

Und dann sind da die vielen Menschen, Christen und Nichtchristen, die um der Wahrheit willen »ihr Leben verlieren«. Christus hat gesagt: »Ich bin die Wahrheit.« Wer also der Wahrheit dient, dient Christus. Johannes der Täufer ist einer von denen, die ihr Leben für die Wahrheit hingegeben haben. Johannes wurde von Gott auserwählt, um Jesus den Weg zu bereiten, und er hat ihn dem Volk Israel als den Messias, das Lamm Gottes gezeigt, das die Sünde der Welt hinwegnimmt (vgl. Joh 1,29). Johannes hatte sich ganz und gar Gott und seinem Gesandten Jesus geweiht. Doch was ist am Ende geschehen? Er ist um der Wahrheit willen gestorben, weil er den Ehebruch von König Herodes und Herodias angeprangert hatte. Wie viele Menschen zahlen einen hohen Preis, weil sie für die Wahrheit eintreten! Wie viele aufrichtige Menschen schwimmen lieber gegen den Strom, als die Stimme des Gewissens, die Stimme der Wahrheit zu verleugnen! Wir müssen keine Angst haben! Euch jungen Menschen sage ich: Habt keine Angst, gegen den Strom zu schwimmen. Wenn sie uns die Hoffnung nehmen wollen, wenn sie uns verdorbene Werte anbieten wollen, Werte wie schlechtgewordene Lebensmittel, die uns nicht bekommen, dann müssen wir gegen den Strom schwimmen! Ihr jungen Menschen müsst die Ersten sein: Schwimmt gegen den Strom und tut es mit Stolz. Seid stolz darauf, gegen den Strom zu schwimmen!

XII.

Du hast Augen,
also sei kontemplativ!

Werden wir still!

Heutzutage wird die Natur, die uns umgibt, nicht mehr bewundert, nicht mehr betrachtet, sondern »gefressen«. Wir sind gefräßig geworden, abhängig vom Profit und von Sofortresultaten um jeden Preis. Der Blick auf die Wirklichkeit wird immer schneller, immer zerstreuter und oberflächlicher, während die Nachrichten und die Wälder in kürzester Zeit verbrennen. Wir sind konsumkrank. Das ist unsere Krankheit! Konsumkrank. Wir rennen der neuesten App hinterher, aber kennen unsere Nachbarn nicht mehr mit Namen, geschweige denn, dass wir einen Baum vom anderen zu unterscheiden wüssten. Und das Schlimmste ist, dass man mit so einem Lebensstil die Wurzeln verliert, wir sind nicht mehr dankbar für das, was es gibt, und wir sind auch denen, die es uns gegeben haben, nicht mehr dankbar. Um nicht zu vergessen, müssen wir wieder kontemplativ werden; um uns nicht in tausend nutzlosen Dingen zu verzetteln, müssen wir die Stille wiederfinden; damit das Herz nicht krank wird, müssen wir innehalten. Das ist nicht leicht. Dazu muss man sich zum Beispiel aus der Gefängniszelle des Handys befreien – um den

Menschen um uns herum in die Augen zu sehen und um die Schöpfung zu betrachten, die uns geschenkt worden ist.

Kontemplativ sein heißt, sich selbst Zeit zu schenken: Zeit, um still zu werden, um zu beten, sodass die Harmonie in die Seele zurückkehrt, das gesunde Gleichgewicht zwischen Kopf, Herz und Hand; zwischen Denken, Fühlen und Handeln. Die Kontemplation ist das Mittel gegen übereilte, oberflächliche und sprunghafte Entscheidungen. Kontemplative Menschen lernen, den Boden, der sie trägt, zu spüren; sie begreifen, dass sie nicht allein auf der Welt sind und dass ihr Leben nicht sinnlos ist. Sie entdecken den zärtlichen Blick Gottes und erkennen, dass sie kostbar sind. In den Augen Gottes ist jeder wichtig, jeder kann ein kleines Stück dieser von der menschlichen Gefräßigkeit besudelten Welt in die gute Wirklichkeit verwandeln, die der Schöpfer gewollt hat. Kontemplativ sein heißt nicht, die Hände in den Schoß zu legen, sondern sich etwas Konkretes zu tun zu geben. Die Kontemplation führt zur Aktion, zum Tun.

Worte der Liebe, die uns umgeben

Die Natur ist voller Worte der Liebe, aber wie sollen wir sie hören bei diesem beständigen Lärm, der permanenten, fieberhaften Zerstreuung oder dem Kult des schönen Scheins? Viele Menschen fühlen sich zutiefst unausgeglichen, und das bringt sie dazu, die Dinge schnellstmöglich zu erledigen, damit sie das Gefühl haben, beschäftigt zu sein. Diese ständige Eile führt wiederum dazu, dass sie alles überrennen, was um sie herum ist. Das wirkt sich auch auf unseren Umgang mit der Umwelt aus. Eine ganzheitliche Ökologie setzt voraus, dass wir uns Zeit nehmen, um die heitere Harmonie mit der Schöpfung wiederzuentdecken, um über unseren Lebensstil und unsere Ideale nachzudenken und um den Schöpfer zu betrachten, der unter uns und in dem lebt, was uns umgibt, und dessen Gegenwart nicht konstruiert, sondern entdeckt und enthüllt werden muss.

Diese Einstellung können wir unter anderem dadurch zum Ausdruck bringen, dass wir vor und nach den Mahlzeiten innehalten, um Gott zu danken. Ich schlage den Gläubigen vor, diese kostbare Gewohnheit wiederaufzugreifen und sie mit Tiefe zu leben. Dieser Moment des Segens, so kurz er auch ist, erinnert uns daran, dass unser Leben von Gott abhängt, er vermehrt unsere Dankbarkeit für die Gaben der Schöpfung, erinnert uns an jene, die diese guten Gaben durch ihre Arbeit bereitstellen, und stärkt die Solidarität mit den Bedürftigsten.

Erwachsene mit jungem Herzen

Ich hoffe, dass du dich selbst so wertschätzen, dich so ernst nehmen kannst, dass dir dein spirituelles Wachstum am Herzen liegt. Das heißt nicht, dass du deine Spontaneität, deine Frische, deine Begeisterung, deine Zärtlichkeit verlieren sollst. Denn Wachstum, Erwachsenwerden heißt nicht, die besten Werte der Jugend aufzugeben.[28] Sonst könnten die vorwurfsvollen Worte des Herrn eines Tages auch an dich gerichtet sein: »Noch denke ich an die Treue deiner Jugend, an die Liebe deiner Brautzeit. Wie du hinter mir herzogst in der Wüste, im Land ohne Saat.« (Jer 2,2)

Das Gute wächst im Verborgenen

Zuweilen hindert uns das Getöse der Welt gemeinsam mit den zahllosen Aktivitäten, die unsere Tage anfüllen, daran, innezuhalten und zu entdecken, wie der Herr die Geschichte lenkt. Und doch – das versichert uns das Evangelium – ist Gott am Werk wie ein kleiner guter Same, der still und langsam keimt. Und nach und nach wird daraus ein Baum mit dichtem Blätterdach, der allen Leben und Erquickung bietet. Auch der Same unserer guten Werke mag unbedeutend erscheinen; doch alles, was gut ist, gehört Gott und wird daher auf demütige, langsame Weise Frucht bringen. Das Gute – erinnern wir uns – wächst immer demütig, verborgen und oft unsichtbar.

Eine Weise, Mensch zu sein

Die kontemplative Dimension des Menschseins ist ein bisschen wie das »Salz« des Lebens: Sie gibt unseren Tagen Würze und Geschmack. Wir können die Sonne betrachten, die morgens aufgeht, oder die Bäume, die im Frühling ihr grünes Kleid anlegen; wir können kontemplativ sein, indem wir Musik hören oder dem Gesang der Vögel lauschen, ein Buch lesen, ein Gemälde oder eine Skulptur oder ein Meisterwerk wie das menschliche Gesicht betrachten … Carlo Maria Martini hat, nachdem er als Bischof nach Mailand geschickt worden war, seinen ersten Hirtenbrief über *Die kontemplative Dimension des Lebens* geschrieben: Denn wer in einer großen Stadt lebt, wo alles sozusagen künstlich ist, alles funktional, der läuft Gefahr, die Kontemplation zu verlernen. Kontemplation ist weniger eine Art, die Dinge zu tun, als vielmehr eine Seinsweise. Kontemplativ zu sein, hängt nicht von den Augen, sondern vom Herzen ab.

Wer betrachtet, behütet

Wir brauchen die Stille, wir brauchen das Zuhören, wir brauchen die Kontemplation. Kontemplation heilt auch die Seele.

Ohne Kontemplation werden wir zu Raubtieren und vergessen unsere Berufung, Hüter des Lebens zu sein. Es ist wichtig, die kontemplative Dimension wiederzuentdecken, das heißt, die Erde, die Schöpfung als ein Geschenk und nicht als etwas zu betrachten, das wir um des Profits willen ausbeuten dürfen. Wenn wir kontemplativ sind, entdecken wir in den anderen und in der Natur etwas weitaus Größeres als den bloßen Nutzen. Das ist der Kern des Problems: Kontemplativ sein heißt, über den Nutzen einer Sache hinauszusehen. Das Schöne zu betrachten heißt nicht, es auszubeuten: Betrachtung – Kontemplation – ist uneigennützig. Wir entdecken den Wert, der den Dingen innewohnt, den Wert, den Gott ihnen verliehen hat.

Die Kontemplation, die uns zu einer Haltung der Sorgfalt führt, besteht nicht darin, die Natur von außen zu betrachten, als würden wir nicht dazugehören. Betrachtung hält man vielmehr von innen, in dem Bewusstsein, nicht bloß Zuschauer einer amorphen Realität, mit der wir uns nur unter dem Aspekt der Ausbeutung befassen, sondern selbst Teil der Schöpfung und Protagonisten zu sein. Wenn wir auf diese Weise kontemplativ sind, staunen wir nicht nur über das, was wir sehen, sondern auch darüber, dass wir uns als Teil dieser Schönheit fühlen dürfen; und wir fühlen uns berufen, sie zu behüten und zu beschützen. Eines dürfen wir nicht vergessen: Wer die Natur und die Schöpfung nicht zu betrachten weiß, der weiß auch die Menschen in all ihrem Reichtum nicht zu betrachten. Wer lebt, um die Natur auszubeuten, wird letztlich auch die Menschen ausbeuten und wie Sklaven behandeln. Das ist ein allgemeingültiges Gesetz: Wenn du die Natur nicht auf kontemplative Weise betrachten kannst, dann ist es sehr unwahrscheinlich, dass du ein

Auge für die Schönheit der Menschen hast, die deine Brüder und Schwestern sind.

Wer Betrachtung halten kann, wird sich eher ans Werk machen, um das zu verändern, was die Gesundheit schwächt und ihr schadet. Er wird sich dafür einsetzen, neue Produktions- und Konsumgewohnheiten zu vermitteln und zu fördern, zu einem neuen Modell des ökonomischen Wachstums beizutragen, das den Respekt vor dem gemeinsamen Haus und den Respekt vor den Menschen garantiert. Wenn ein kontemplativer Mensch aktiv wird, neigt er dazu, Hüter der Umwelt zu werden: Das ist schön! Jeder von uns muss ein Hüter der Umwelt sein, ihre Reinheit behüten und versuchen, das überlieferte Wissen uralter Kulturen mit den neuen technischen Erkenntnissen in Einklang zu bringen, damit unser Lebensstil immer nachhaltig ist.

Von Marta und Maria lernen

Marta und Maria, die Schwestern des Lazarus, wohnten in Betanien. Sie waren treue Jüngerinnen des Herrn. Der heilige Lukas beschreibt sie wie folgt: Maria saß Jesus zu Füßen »und lauschte seinem Wort«, während Marta mit vielen Diensten beschäftigt war (vgl. Lk 10, 39–40). Beide nehmen den Herrn auf, als er bei ihnen vorbeikommt, doch sie tun es auf unterschiedliche Weise. Maria setzt sich Jesus zu Füßen und hört ihm zu; Marta hingegen ist von ihren Vorbereitungen in Anspruch genommen und hat so viel zu tun, dass sie sich schließlich an Jesus wendet und zu ihm sagt: »Herr, kümmert es dich nicht, dass meine Schwester die Bedienung mir allein überlässt? Sag ihr doch, dass sie mir helfen soll!« (V. 40) Und Jesus antwortet ihr mit sanftem Tadel: »Marta,

Marta, du machst dir Sorge und Unruhe um viele Dinge. Aber nur eines ist notwendig.« (V. 41)

Was will Jesus damit sagen? Was ist dieses eine, das notwendig ist? Vor allem müssen wir verstehen, dass es hier nicht um zwei gegensätzliche Dinge geht: das Hören auf das Wort Gottes, die Kontemplation, und den konkreten Dienst am Nächsten. Das sind keine gegensätzlichen Verhaltensweisen, im Gegenteil: Beide Aspekte sind für unser christliches Leben wesentlich und dürfen nicht auseinanderdividiert, sondern müssen in tiefer Einheit und Harmonie gelebt werden. Warum aber wird Marta dann – wenn auch nur sehr sanft – getadelt? Weil sie nur ihre eigene Arbeit für wesentlich gehalten hat und viel zu sehr von dem in Anspruch genommen und mit dem beschäftigt war, was sie »zu tun« hatte. Bei einem Christen sind die Werke des Diensts und der Nächstenliebe nie von der Hauptquelle all unseren Tuns abgeschnitten: dem Hören auf das Wort Gottes, dem, was Maria tut: Jesus in der Haltung des Jüngers zu Füßen zu sitzen. Deshalb wird Marta getadelt.

Auch in unserem christlichen Leben sollen Beten und Handeln immer eine tiefe Einheit bilden. Wenn unser Gebet nicht zum konkreten Handeln gegenüber unserem Mitmenschen führt, der arm ist, krank, hilfsbedürftig oder sich in einer schwierigen Lage befindet, dann ist es steril und unvollständig. Doch wer im kirchlichen Dienst nur auf das Tun bedacht ist, den Dingen, Funktionen und Strukturen größte Bedeutung beimisst und darüber die zentrale Bedeutung Christi vergisst, sich nicht die Zeit nimmt, im Gebet mit ihm Zwiesprache zu halten, läuft ebenso Gefahr, sich selbst und nicht Gott zu dienen, der in unseren bedürftigen Mitmenschen gegenwärtig ist. Der heilige Benedikt hat die Lebensweise, die er seinen Mönchen vorgab, in zwei Worten zusammengefasst: *Ora et labora*, bete und arbeite. Aus der Kontemplation, aus einer starken Beziehung der Freundschaft mit dem Herrn wächst in uns die Fähigkeit, die Liebe Gottes, seine Barmherzigkeit, seine Zärtlichkeit selbst zu erfahren und an unsere Mitmenschen weiterzugeben. Und auch unsere Arbeit der Nächstenliebe in den Werken der Barmherzigkeit führt uns zum Herrn, den wir in unserem bedürftigen Bruder und unserer bedürftigen Schwester erkennen.

Meditation ist ein Atemholen im Leben

Die Praxis der Meditation hat in den vergangenen Jahren große Beachtung gefunden. Nicht nur die Christen sprechen davon: Fast alle Religionen der Welt kennen eine meditative Praxis. Doch auch bei Menschen ohne religiöse Lebensauffassung ist diese Aktivität weit verbreitet. Wir alle müssen hin und wieder meditieren, nachdenken, uns selbst wiederfinden: Das ist eine menschliche Dynamik. Vor allem in der gefräßigen westlichen Welt suchen die Menschen die Meditation, weil sie einen Schutzwall gegen den täglichen Stress und die Leere errichtet, die überall grassiert. Daher also dieser Anblick von Jugendlichen und Erwachsenen, die gesammelt dasitzen, schweigend, mit halbgeschlossenen Augen ... Doch vielleicht fragen wir uns: Was tun diese Menschen? Sie meditieren. Das ist ein Phänomen, das wir mit Wohlwollen betrachten sollten: Denn wir sind nicht dafür geschaffen, immer nur weiterzuhasten, wir haben ein inneres Leben, das nicht permanent niedergetrampelt werden darf. Meditieren ist also etwas, das wir alle brauchen. Meditieren heißt sozusagen, innezuhalten und im Leben Atem zu holen.

Eine Aufmerksamkeit, die wir nicht verlieren dürfen

Es ist nicht gesund, die Stille zu lieben und die Begegnung mit anderen zu meiden, Ruhe zu ersehnen und sich der Aktivität zu verweigern, das Gebet zu suchen und den Dienst geringzuschätzen. Das eine wie das andere lässt sich als Teil unseres Daseins in dieser Welt akzeptieren und integrieren und wird zu einem Bestandteil unseres Weges zur Heiligkeit. Wir sind aufgerufen, die Kontemplation auch inmitten der Aktion zu leben, und wir werden in der verantwortungsbewussten und großzügigen Erfüllung unseres Sendungsauftrags geheiligt.

Das Gebet ist kein Spaziergang

Das christliche Gebet ist – wie das ganze christliche Leben – kein »Spaziergang«. Keiner der großen Betenden, die uns in der Bibel und in der Kirchengeschichte begegnen, hatte ein »bequemes« Gebetsleben. Wir können natürlich plappern wie ein Papagei – bla, bla, bla, bla, bla –, doch das ist kein Gebet. Zwar schenkt das Gebet großen Frieden, aber durch einen inneren Kampf, der hart sein und unser Leben auch über lange Strecken hinweg begleiten kann. Beten ist nicht leicht, und deshalb drücken wir uns davor. Immer, wenn wir beten wollen, kommen uns plötzlich etliche andere Beschäftigungen in den Sinn, die in diesem Augenblick wichtiger und dringender zu sein scheinen. Mir geht es genauso: Ich gehe ein wenig beten ... oder doch nicht, ich muss erst dieses oder jenes tun ... Wir fliehen vor dem Gebet, ich weiß nicht, warum, aber so ist es. Und wenn wir das Gebet wieder einmal aufgeschoben haben, stellen wir danach fast jedes Mal fest, dass diese Dinge gar nicht wesentlich waren und wir womöglich Zeit vergeudet haben. Das sind die Fallstricke des Feindes.

Alle Männer und Frauen Gottes berichten nicht nur von der Freude des Gebets, sondern auch von der Mühe und Anstrengung, die es kosten kann: Zuweilen ist es ein harter Kampf, den Zeiten und Formen des Gebets treu zu bleiben. Es gibt Heilige, die jahrelang an ihrer Gebetspraxis festgehalten haben, ohne dass es ihnen irgendwie Freude gemacht oder spürbaren Nutzen gebracht hätte. Stille, Gebet und Konzentration sind schwierige Übungen, und manchmal lehnt sich die menschliche Natur dagegen auf. Dann möchten wir überall lieber sein als hier auf der Kirchenbank und alles lieber tun, als zu beten. Wer beten will, muss bedenken, dass der Glaube nicht leicht ist; manchmal führt der Weg durch fast völlige Dunkelheit und es gibt keinerlei Bezugspunkt. Es gibt Momente im Glaubensleben, die dunkel sind, und deshalb nennen einige Heilige sie »die dunkle Nacht«, weil man nichts fühlt. Doch ich bete weiter.

Wer betet, trägt die Welt

Wer betet, kehrt der Welt nicht den Rücken zu. Wenn das Gebet nicht die Freuden und Leiden, die Hoffnungen und die Sorgen der Menschheit sammelt, wird es zu einer »dekorativen« Tätigkeit, einer oberflächlichen, inszenierten Haltung, einer intimistischen Haltung. Wir alle brauchen Innerlichkeit: den Rückzug in einen Raum und eine Zeit, die ganz unserer Beziehung zu Gott gewidmet sind. Doch das heißt nicht, dass wir vor der Realität fliehen sollen. Im Gebet »nimmt« uns Gott, er »segnet uns, bricht uns und teilt uns aus«, damit alle Hungernden satt werden. Jeder Christ ist dazu berufen, in Gottes Händen gebrochenes und geteiltes Brot zu werden. Das heißt ein konkretes Gebet, das keine Flucht sein darf.

Die Männer und Frauen des Gebets suchen die Stille und das Schweigen also nicht, weil sie nicht belästigt werden wollen, sondern um Gottes Stimme besser zu hören. Zuweilen ziehen sie sich aus der Welt in die Abgeschiedenheit ihrer Kammer zurück, wie Jesus es empfohlen hat (vgl. Mt 6,6), und doch ist die Tür ihres Herzens, wo auch immer sie sind, stets weit geöffnet: offen für alle, die beten, ohne es zu wissen; die gar nicht beten, aber einen erstickten Schrei, ein heimliches Flehen in ihrem Innern tragen; die falsch abgebogen sind und sich verirrt haben ... Jeder kann an die Tür eines Betenden klopfen und bei ihm oder ihr ein mitleidiges Herz finden, das betet, ohne irgendjemanden auszuschließen. Das Gebet ist unser Herz und unsere Stimme und es wird zu Herz und Stimme vieler Menschen, die nicht wissen, wie sie beten sollen, die nicht beten, nicht beten wollen oder nicht beten können: Wir sind gleichsam ihre Fürsprecher, wir sind das Herz und die Stimme dieser Menschen, die zu Jesus, zum Vater emporsteigt. Wer in der Abgeschiedenheit betet – einer langen Abgeschiedenheit oder der Abgeschiedenheit einer schnellen halben Stunde –, zieht sich von allem und von allen zurück, um alles und alle in Gott wiederzufinden. So betet der Betende für die ganze Welt und trägt ihren Kummer und ihre Sünden auf seinen Schultern. Er betet für alle und jeden: Er ist wie eine »Antenne« Gottes in dieser Welt.

Der Kampf des heiligen Antonius

Der heilige Antonius der Große, der Gründer des christlichen Mönchtums in Ägypten, durchlebte entsetzliche Zeiten, in denen sich das Gebet in einen harten Kampf verwandelte. Eine der schlimmsten Episoden, so erzählt sein

Biograph, der heilige Athanasius, der Bischof von Alexandria war, erlebte der heilige Einsiedler mit ungefähr 35 Jahren, einem mittleren Alter, das viele Menschen in eine Krise stürzt. Antonius blieb standhaft, obwohl ihn diese Prüfung tief erschütterte. Als es um ihn herum endlich wieder hell wurde, wandte er sich in einem beinahe vorwurfsvollen Ton an seinen Herrn: »Wo warst du? Warum bist du nicht sofort gekommen, um meinen Qualen ein Ende zu bereiten?« Und Jesus antwortete: »Antonius, ich war hier, aber ich habe gewartet, um dich kämpfen zu sehen.« (*Leben des heiligen Antonius*, 10) Im Gebet kämpfen. Das Gebet ist oft ein Kampf.

Wenn wir beten, schaffen wir Raum

Wir kommen immer wieder auf dasselbe Thema zurück: das Gebet! Das Gebet ist so wichtig. Mit den Gebeten zu beten, die wir alle als Kinder gelernt haben, aber auch mit unseren eigenen Worten zu beten. Den Herrn zu bitten: »Herr, hilf mir, gib mir einen Rat, was soll ich jetzt tun?« Wenn wir beten, schaffen wir Raum, damit der Geist kommt und uns in diesem Augenblick hilft, uns rät, was wir alle tun sollen. Das Gebet! Vergesst nie, zu beten! Niemals! Niemand bemerkt es, wenn wir im Bus oder auf der Straße in der Stille unseres Herzens beten. Nutzen wir diese Zeiten, um zu beten, um den Heiligen Geist zu bitten, dass er uns die Gabe des Rates schenkt.

Lernen, was wir zum Herrn sagen sollen

Jesus lehrt uns: Der Vater weiß alles. Macht euch keine Sorgen, der Vater lässt es regnen über Gerechten wie Sündern, er lässt über Gerechten wie Sündern die Sonne scheinen. Ich würde mir wünschen, dass jeder von uns ab heute jeden Tag fünf Minuten lang die Bibel nimmt und langsam den Psalm 103 betet: »Preise, meine Seele, den Herrn! Alles in mir lobpreise seinen heiligen Namen! Preise, meine Seele, den Herrn und vergiss nicht, was er dir Gutes getan hat! Er vergibt dir all deine Schuld, alle Gebrechen will er dir heilen. Dein Leben erlöst er vom Untergang, er krönt dich mit Huld und Erbarmen.« Beten wir ihn alle. Dann werden wir lernen, was wir zum Herrn sagen sollen, wenn wir ihn um eine Gnade bitten.

Um eine Gnade bitten heißt kämpfen

Mir fällt etwas ein, das ich aus nächster Nähe miterlebt habe, als ich noch in Argentinien war. Ein Ehepaar hatte eine neunjährige Tochter; die Kleine war krank, aber die Ärzte wussten nicht, was sie hatte. Am Ende sagte der Arzt im Krankenhaus zu der Mutter: »*Señora*, rufen Sie Ihren Mann an.« Der Mann war auf der Arbeit, sie waren Arbeiter. Der Arzt sagte zu dem Vater: »Die Kleine wird die Nacht nicht überleben. Es ist eine Infektion, wir können nichts tun.« Mag sein, dass der Mann nicht jeden Sonntag in die Kirche gegangen ist, aber er hatte einen starken Glauben. Er lief weinend aus dem Raum, ließ seine Frau und das Mädchen zurück, stieg in den Zug und fuhr die 70 Kilometer zur Basilika Unserer Lieben Frau von Luján, der Patronin Argentiniens. Die Basilika war schon geschlossen, es war fast zehn Uhr abends, also klammerte er sich an das Gitter vor der Basilika und betete zur Muttergottes, er blieb die ganze Nacht lang dort und kämpfte um die Gesundheit seiner Tochter. Das ist nicht erfunden: Ich habe es selbst gesehen! Ich habe es selbst gesehen. Ich habe diesen Mann kämpfen sehen. Schließlich, um sechs Uhr morgens, wurde die Kirche geöffnet und er ging hinein, um die Muttergottes zu grüßen. Dann fuhr er wieder heim, nachdem er die ganze Nacht lang »gekämpft« hatte. Als er ankam, traf er niemanden an und dachte: »Meine Tochter ist gegangen. Nein, das kann die Muttergottes mir nicht antun!« Dann fand er seine Frau; sie lächelte und sagte zu ihm: »Ich weiß nicht, was passiert ist; die Ärzte sagen, dass sich ihr Zustand ganz plötzlich verändert hat und dass sie jetzt gesund ist.« Dieser Mann hat mit seinem Gebet gekämpft und bei der Muttergottes Gnade gefunden. Die Muttergottes hat ihn erhört. Das habe ich selbst gesehen: Das Gebet wirkt Wunder, denn das Gebet geht mitten hinein in die Zärtlichkeit Gottes, der uns liebt wie ein Vater. Und wenn er uns diese Gnade nicht gewährt, dann gewährt er uns eine andere, die wir mit der Zeit erkennen werden. Doch um eine Gnade zu erbitten, muss man im Gebet immer kämpfen. Ja, manchmal bitten wir um eine Gnade, die wir benötigen, aber wir bitten einfach so, lustlos, kampflos. Aber so bittet man nicht um ernste Dinge. Das Gebet ist ein Kampf, und der Herr ist immer mit uns.

Wenn es uns in einem Moment der Blindheit nicht gelingt, seine Gegenwart zu erkennen, dann wird es uns später gelingen. Dann werden wir dasselbe sagen wie einst der Patriarch Jakob: »Wahrlich, der Herr ist an dieser Stätte, und ich wusste es nicht!« (Gen 28,16)

Beharrlichkeit statt Ekstase

Wir müssen lernen, immer weiterzugehen. Der wahre Fortschritt des geistlichen Lebens besteht nicht in einer Anhäufung von Ekstasen, sondern in der Fähigkeit, in schwierigen Zeiten beharrlich zu sein: gehen, gehen, gehen … Und wenn du müde bist, dann ruh dich ein bisschen aus, und dann gehst du weiter. Aber beharrlich. Erinnern wir uns an das Gleichnis des heiligen Franziskus über die vollkommene Freude: Die Qualität eines Mönchs misst sich nicht daran, dass der Himmel eine unendliche Reihe von Erfolgserlebnissen auf ihn herabregnen lässt, sondern daran, dass wir immer weitergehen, auch wenn wir nicht dafür gelobt, auch wenn wir schlecht behandelt werden und die Leichtigkeit des Anfangs verlorengegangen ist. Alle Heiligen sind durch dieses »finstere Tal« hindurchgegangen, und wir dürfen keinen Anstoß nehmen, wenn wir in ihren Tagebüchern von lustlosen und freudlosen Gebetsnächten lesen. Wir müssen lernen, zu sagen: »Ich werde weiterbeten, mein Gott, auch wenn Du scheinbar alles tust, damit ich den Glauben an Dich verliere.« Die Gläubigen lassen ihr Gebet niemals verlöschen! Auch wenn es zuweilen dem Gebet Ijobs ähnelt, der nicht akzeptiert, dass Gott ihn ungerecht behandelt, Protest einlegt und ihn zur Rechenschaft zieht. Doch, wie eine alte Frau einmal gesagt hat: »Auf Gott wütend zu sein ist auch eine Art von Gebet.« Wie oft ist ein Kind wütend auf seinen Papa … Das ist eine Art, zu Gott in Beziehung zu treten: Man ist wütend auf ihn, weil man ihn als »Vater« erkennt. Und auch wir, die wir viel weniger heilig und geduldig sind als Ijob, wissen, dass Gott uns am Ende, nach dieser Zeit der Trostlosigkeit, in der wir stumme Schreie und unzählige »Warums« an den Himmel gerichtet haben, antworten wird.

Wir sind ein Windhauch – aber einer, der beten kann

Der Mensch – die menschliche Person, der Mann und die Frau – ist wie ein Windhauch, wie ein Grashalm. Der Philosoph Pascal hat geschrieben: »Nicht ist es nötig, dass sich das All wappne, um ihn zu vernichten: ein Windhauch, ein Wassertropfen reichen hin, um ihn zu töten.«[29] Wir sind zerbrechliche Wesen, aber wir können beten: Das ist unsere größte Würde. Und auch unsere Stärke.

Die Mutter aller Gleichnisse

Es gibt verschiedene Arten, das Wort Gottes aufzunehmen. Wir können es, wie wir im Gleichnis vom Sämann lesen (vgl. Mt 13,1–23), so aufnehmen, als wären wir ein Weg, auf dem sich die Vögel niederlassen, um die Samenkörner aufzupicken. In diesem Fall stünde der Weg für die Zerstreuung, die große Gefahr unserer Zeit. Bei all dem Lärm der Tratschereien, Ideologien und möglichen Zerstreuungen im Haus und außerhalb verlieren wir womöglich den Sinn für die Stille, die Sammlung, die Zwiesprache mit dem Herrn, und laufen letztendlich sogar Gefahr, den Glauben selbst zu verlieren und das Wort Gottes nicht aufzunehmen. Wir sehen alles, lassen uns von allem zerstreuen: all den weltlichen Dingen.

Eine zweite Möglichkeit: Wir können das Wort Gottes aufnehmen wie ein steiniger Boden, wo es nur wenig Erdreich gibt. Dort keimt der Same rasch auf und vertrocknet ebenso rasch, weil es ihm nicht gelingt, tief zu wurzeln. Dieses Bild steht für diejenigen, die das Wort Gottes mit spontaner, aber oberflächlicher Begeisterung aufnehmen und nicht wirklich verinnerlichen. Bei der ersten Schwierigkeit – denken wir etwa an ein Leid, eine Erschütterung im Leben – wird dieser noch schwache Glaube zu Staub zerfallen wie das Samenkorn, das mitten unter die Steine fällt und vertrocknet.

Wir können das Wort Gottes – das ist die dritte Möglichkeit, von der Jesus im Gleichnis spricht – auch aufnehmen wie ein Feld, auf dem dornige Sträucher wachsen. Die Dornen sind die Trugbilder des Reichtums, des Erfolgs, der weltlichen Sorgen ... Dort wächst das Wort eine Weile, erstickt dann jedoch; es ist nicht stark, es stirbt oder bringt keine Frucht.

Schließlich – das ist die vierte Möglichkeit – können wir das Wort aufnehmen wie ein guter Ackerboden. Hier und nur hier schlägt das Samenkorn Wurzeln und bringt Frucht. Die Saat, die auf diesen fruchtbaren Boden gefallen ist, steht für diejenigen, die das Wort hören, es aufnehmen, es in ihrem Herzen bewahren und es im Alltagsleben in die Tat umsetzen.

Dieses Gleichnis vom Sämann ist sozusagen die »Mutter« aller Gleichnisse, weil es vom Hören auf das Wort Gottes handelt. Es erinnert uns daran, dass dieses Wort ein fruchtbarer und wirkungsvoller Samen ist, den Gott ohne Rücksicht auf Verluste überall freigiebig ausstreut. So ist das Herz Gottes! Jeder von uns ist ein Boden, auf den der Same des Wortes fällt, keiner ist ausgeschlossen. Das Wort wird jedem von uns gegeben. Wir können uns fragen: Was für ein Boden bin ich? Ähnele ich dem Weg, dem steinigen Grund, dem Dornengestrüpp? Wenn wir wollen, können wir mit Gottes Gnade gutes, mit Sorgfalt bestelltes und bebautes Erdreich werden, um die Saat des Wortes reifen zu lassen.

Der schönste Tag ist heute

Es gibt keinen anderen wunderbaren Tag als das Heute, das wir erleben. Menschen, die immer in dem Gedanken leben, dass »die Zukunft besser sein wird«, aber das Heute nicht nehmen, wie es kommt, sind Menschen, die in der Fantasie leben, die die Realität nicht nehmen können, wie sie ist. Das Heute ist real, das Heute ist konkret. Und auch unser Beten findet heute statt. Jesus kommt uns heute entgegen, an diesem Tag, den wir heute erleben. Und das Gebet verwandelt dieses Heute in Gnade, besser gesagt, es verwandelt uns: Es mildert den Zorn, stärkt die Liebe, vervielfacht die Freude, gibt uns die Kraft, zu vergeben. Irgendwann wird es den Anschein haben, als wären nicht mehr wir es, die leben, sondern als würde die Gnade durch das Gebet in uns leben und wirken. Und wenn uns ein Gedanke des Zorns, des Missfallens überkommt, der uns bitter werden lässt, dann wollen wir innehalten und zum Herrn sagen: »Wo bist du? Und wohin gehe ich?« Und der Herr ist da, der Herr wird uns das richtige Wort, er wird uns Rat geben, damit wir ohne den bitteren Saft der Negativität weitergehen können. Weil das Gebet immer »positiv« ist, um es mit einem profanen Wort zu sagen. Immer. Es bringt dich voran. Jeder Tag, der beginnt, hat, wenn wir ihn im Gebet annehmen, auch den nötigen Mut im Gepäck, sodass die Probleme, denen wir uns stellen müssen, nicht länger Beeinträchtigungen unseres Glücks, sondern Aufforderungen Gottes sind und Gelegenheiten, ihm zu begegnen. Und wer in der Begleitung des Herrn unterwegs ist, der fühlt sich mutiger, freier und auch glücklicher.

XIII.

Hör nicht auf zu träumen!

Besser Don Quijote als Sancho Panza

Jesus traut euch mehr zu, als ihr selbst euch zutraut. Das ist wichtig: Jesus traut euch mehr zu, als ihr selbst euch zutraut. Jesus liebt euch mehr, als ihr selbst euch liebt. Geht aus euch heraus, um ihn zu suchen, macht euch auf den Weg: Er wartet auf euch. Gründet eine Gruppe, schließt Freundschaften, unternehmt Wanderungen, veranstaltet Treffen, das ist die Art, wie ihr Kirche sein sollt: indem ihr euch auf den Weg macht. Das Evangelium ist eine Schule des Lebens, das Evangelium setzt uns immer in Bewegung. Ich glaube, dass man auf diese Weise lernt, dem Herrn zuzuhören.

Und dann werdet ihr hören, wie der Herr euch auffordert, dieses oder jenes zu tun ... Im Evangelium lesen wir, dass er zu dem einen sagt: »Folge mir nach!«, und zu einem anderen sagt er: »Tu das und das ...« Der Herr wird dich spüren lassen, was er von dir will – aber nur, wenn du nicht dasitzt, sondern dich auf den Weg machst, wenn du die anderen und das Gespräch mit ihnen und ihre Gemeinschaft suchst und vor allem, wenn du betest. Wenn du mit deinen eigenen Worten betest, mit dem, was aus deinem Herzen kommt. Das ist das schönste Gebet. Jesus lädt uns immer ein, auf den See hinauszufahren: Gib dich nicht damit zufrieden, den Horizont vom Strand aus zu bewundern, nein, geh weiter. Er will nicht, dass du auf der Bank sitzt, er will dich auf dem Platz sehen. Er will nicht, dass du hinter der Linie stehst und den anderen zusiehst oder von der Tribüne aus deine Kommentare abgibst, er will dich mitten im Spiel. Trau dich! Du hast Angst, dich zu blamieren? Tu es ruhig. Das ist uns allen sehr, sehr oft passiert. Das Gesicht zu verlieren ist keine Lebenstragödie. Eine Lebenstragödie ist es, kein Gesicht zu zeigen: Das wäre eine Tragödie! Das hieße, sein Leben nicht hinzugeben! Es ist besser, auf schönen Träumen durchs Leben zu reiten und sich hin und wieder zu blamieren, als zu Rentnern des geruhsamen Lebens zu werden, dickbäuchig und bequem. Besser gute Idealisten als faule Realisten: besser Don Quijote als Sancho Panza!

Wir sind nicht für Kleinigkeiten auserwählt

Keine Schwierigkeit, keine Bedrängnis und kein Unverständnis muss uns Angst machen, wenn wir mit Gott vereint bleiben wie die Rebzweige mit dem Weinstock, wenn wir die Freundschaft mit ihm nicht verlieren, wenn wir ihm in unserem Leben immer mehr Raum geben. Auch und gerade dann, wenn wir uns arm, schwach und sündig fühlen – weil Gott unserer Schwäche Kraft, unserer Armut Reichtum und unserer Sünde Umkehr und Vergebung schenkt.

Haben wir Vertrauen in das Wirken Gottes! Mit ihm können wir Großes vollbringen; er wird uns die Freude spüren lassen, seine Jünger, seine Zeugen zu sein. Setzt auf die großen Ideale, auf die großen Dinge. Wir Christen sind vom Herrn nicht für Kleinigkeiten auserwählt worden. Geht immer darüber hinaus und den großen Dingen entgegen. Setzt euer Leben für große Ideale aufs Spiel!

Erneuere dein Feuer in jedem Alter!

Während sich ein junger Mensch typischerweise von der Grenzenlosigkeit dessen angezogen fühlt, was sich vor ihm auftut und beginnt, besteht eine Gefahr des Erwachsenenlebens mit seinen Sicherheiten und Bequemlichkeiten darin, diesen Horizont immer enger[30] werden zu lassen und jenen eigenen Wert der Jugendjahre aus den Augen zu verlieren. Dabei müsste eigentlich das Gegenteil der Fall sein: dass man reift, wächst und sein Leben organisiert, ohne jenen Drang, jene umfassende Offenheit, jenes Fasziniert-Sein von einer Realität zu verlieren, die immer noch mehr ist. Wir können unsere Jugend in jedem Augenblick unseres Lebens erneuern und steigern. Als ich meinen Dienst als Papst angetreten habe, hat der Herr meinen Horizont erweitert und mir eine erneuerte Jugend geschenkt. Genauso kann es auch einem Ehepaar, das seit vielen Jahren verheiratet ist, oder einem Mönch in seinem Kloster ergehen. Manches muss sich mit den Jahren setzen, doch dieser Reifeprozess kann mit einem Feuer einhergehen, das sich erneuert, und mit einem Herzen, das immer jung bleibt.

Wachsen heißt, das Kostbarste, was die Jugend dir schenkt, zu bewahren und zu nähren, doch es heißt auch, offen zu sein: offen dafür, das weniger Gute zu läutern und neue Gaben von Gott zu empfangen, der dich dazu aufruft, das, was etwas wert ist, zu entfalten. Manchmal können Minderwertigkeitskomplexe dazu führen, dass du deine Fehler und Schwächen nicht wahrhaben willst und dich dem Wachstum und der Reifung womöglich verweigerst. Lass dich stattdessen von Gott lieben, der dich so liebt, wie du bist, der dich schätzt und dich respektiert, dir aber auch immer noch mehr anbietet: mehr

Freundschaft mit ihm, mehr Inbrunst im Gebet, mehr Durst nach seinem Wort, mehr Sehnsucht danach, Christus in der Eucharistie zu empfangen, mehr Lust, sein Evangelium zu leben, mehr innere Kraft, mehr Frieden und geistliche Freude.

Wenn alte Menschen nicht träumen ...

Die Träume alter Menschen sind von der Erfahrung und von den Jahren gezeichnet und von Erinnerungen, von den Bildern der vielen Dinge durchzogen, die sie erlebt haben. Wenn die Jugendlichen in den Träumen der alten Menschen verwurzelt sind, dann gelingt es ihnen, die Zukunft zu sehen, dann können sie Visionen haben, die ihren Horizont aufschließen und ihnen neue Wege zeigen. Doch wenn die alten Menschen nicht träumen, dann können die jungen Menschen den Horizont nicht mehr deutlich erkennen.

Keine Treue ohne Risiko

Im Gleichnis von den Talenten sind die guten Knechte diejenigen, die etwas *riskieren*. Sie sind nicht vorsichtig und auf der Hut, sie halten das, was sie bekommen haben, nicht zurück, sondern setzen es ein. Denn das Gute geht verloren, wenn es nicht investiert wird, weil die Größe unseres Lebens nicht davon abhängt, was wir zur Seite legen, sondern davon, was wir an Früchten bringen. Wie viele Menschen verbringen ihr Leben einfach damit, Besitz anzuhäufen, weil sie mehr an ihr *Wohlergehen* als an *Wohltätigkeit* denken. Doch wie leer ist ein Leben, das *Bedürfnisse* befriedigt, ohne auf die *Bedürftigen* zu achten! Wenn wir Gaben *haben*, dann deshalb, weil wir selbst Gabe für andere *sein* sollen. Und hier, Brüder und Schwestern, wollen wir uns fragen: Befriedige ich nur meine eigenen Bedürfnisse oder bin ich in der Lage, auf die Bedürftigen zu achten? Ist meine Hand offen oder zu einer Faust geschlossen?

Im Evangelium werden die Knechte, die investieren, die etwas riskieren, viermal »treu« genannt (Mt 25,15 ff.). Für das Evangelium gibt es keine Treue ohne Risiko. »Aber, *Padre*, bedeutet Christsein, etwas zu riskieren?« »Ja, mein Lieber oder meine Liebe, etwas riskieren. Wenn du nichts riskierst, ergeht es dir wie dem dritten Knecht: Du vergräbst deine Fähigkeiten in der Erde, deine spirituellen und materiellen Reichtümer, einfach alles.« Etwas riskieren: Es gibt keine Treue ohne Risiko. Gott treu zu sein heißt, unser Leben einzusetzen und zuzulassen, dass der Dienst unsere Pläne durchkreuzt. »Ich habe das und das geplant, aber wenn ich diene ...« Lass dir deinen Plan durchkreuzen: Diene. Es ist traurig, wenn ein Christ in die Defensive geht und sich nur an die Beachtung der Regeln und die Befolgung der Gebote klammert. Diese »gemäßigten« Christen, die nie gegen die Regeln verstoßen, niemals, weil sie das Risiko fürchten. Und solche Menschen – erlaubt mir den Vergleich –, die so sehr um sich selbst besorgt sind, dass sie nie etwas riskieren, setzen in ihrem Leben einen seelischen Mumifizierungsprozess in Gang und werden am Ende zu Mumien. Das ist nicht genug, es genügt nicht, sich an die Regeln zu halten; die Treue zu Jesus besteht nicht bloß darin, keine Fehler zu machen, das ist negativ. So hat der faule Knecht aus dem Gleichnis gedacht: Ohne Initiative und Kreativität versteckt er sich hinter einer fruchtlosen Angst und begräbt das Talent, das er bekommen hat. Sein Herr nennt ihn sogar »schlecht« (Mt 25,26). Er hat doch nichts Schlechtes getan! Ja, aber er hat auch nichts Gutes getan. Weil er nicht das Risiko eingehen wollte, etwas falsch zu machen, hat er durch Unterlassung gesündigt. Er war Gott nicht treu, der es liebt, sich ohne Maß zu verschenken; und er hat ihm die schlimmstmögliche Kränkung angetan: ihm die empfangene Gabe zurückzugeben. »Du hast mir das gegeben, ich gebe dir das«, nicht mehr.

Lass dein Leben nicht wie im Flug vergehen!

Die Zeit, in der wir die Erlösung empfangen können, ist für jeden von uns kurz: die Dauer unseres Lebens in dieser Welt. Das ist eine kurze Zeit. Mag sein, dass sie uns lang erscheint ... Ich weiß noch, wie ich einmal zu einem sehr guten Mann gegangen bin, um ihm die Sakramente zu spenden, die Krankensalbung, und in diesem Augenblick, vor der Kommunion und der Krankensalbung, sagte er folgenden Satz: »Mein Leben ist wie im Flug vergangen«, als wollte er sagen: Ich dachte, ich hätte ewig Zeit, aber ... »Mein Leben ist wie im Flug vergangen.« So fühlt es sich für uns Ältere an, wenn das Leben vorbei ist. Es vergeht. Das Leben ist ein Geschenk der unendlichen Liebe Gottes, aber es ist auch die Zeit, in der wir ihm unsere Liebe beweisen können. Deshalb ist jeder Moment, jeder Augenblick unseres Daseins eine kostbare Zeit, um Gott zu lieben und den Nächsten zu lieben und so ins ewige Leben einzugehen.

Die Geschichte unseres Lebens hat zwei Rhythmen: Der eine ist messbar, er besteht aus Stunden, Tagen, Jahren; der andere setzt sich aus den Stationen unserer Entwicklung zusammen: Geburt, Kindheit, Jugend, Reife, Alter, Tod. Jede Zeit, jede Phase hat ihren eigenen Wert und kann eine günstige Gelegenheit sein, dem Herrn zu begegnen. Der Glaube hilft uns, die spirituelle Bedeutung dieser Zeiten zu erkennen: Jede von ihnen enthält eine besondere Berufung des Herrn, auf die wir eine positive oder negative Antwort geben können.

Staunen ist wichtig

Fangen wir vom Staunen her neu an; blicken wir auf den Gekreuzigten und sagen zu ihm: »Herr, wie sehr liebst du mich! Wie kostbar bin ich für dich!« Lassen wir uns von Jesus in Erstaunen versetzen, um wieder lebendig zu werden, weil die Größe unseres Lebens nicht im Haben und Behaupten, sondern darin besteht, uns geliebt zu wissen. Das ist die Größe unseres Lebens: uns geliebt zu wissen. Und die Größe des Lebens ist nichts anderes als die Schönheit der Liebe. Im Gekreuzigten sehen wir den gedemütigten Gott, den Allmächtigen, der nur noch ein Ausgestoßener ist. Und mit der Gnade des Staunens begreifen wir, dass wir Jesus lieben, wenn wir die Ausgestoßenen aufnehmen und die Nähe derer suchen, die das Leben gedemütigt hat: Denn Jesus ist in den Geringsten, den Verachteten, in jenen, die unsere pharisäerhafte Kultur verurteilt.

Gleich nach dem Tod Jesu enthüllt uns das Evangelium die schönste Ikone des Staunens. Ich meine die Szene mit dem römischen Hauptmann, der ihn sterben sah und daraufhin sagte: »Dieser Mensch war in Wahrheit Gottes Sohn!« (Mk 15,39) Er hat sich von der Liebe in Erstaunen versetzen lassen. Wie hatte er Jesus sterben sehen? Er hatte ihn liebend sterben sehen, und das machte ihn staunen. Er litt, er war völlig ermattet, aber er hörte nicht auf zu lieben. Das ist das Staunen über Gott, der selbst das Sterben mit Liebe erfüllen kann. In dieser frei geschenkten und unerhörten Liebe findet der heidnische Hauptmann Gott. *Er war in Wahrheit Gottes Sohn!* Sein Satz besiegelt die Passion. Er war nicht der Erste, der Jesus als Sohn Gottes anerkannte: Das hatten vor ihm im Evangelium schon viele andere getan, weil sie über die Zeichen und Wunder Jesu staunten. Doch Christus selbst hatte sie zum Schweigen gebracht, weil sie Gefahr liefen, bei der weltlichen Bewunderung, bei der Vorstellung von einem Gott stehenzubleiben, der angebetet und gefürchtet werden muss, weil er mächtig und schrecklich ist. Doch jetzt, unter dem Kreuz, kann man nichts mehr falsch verstehen: Gott hat sich geoffenbart und herrscht nur mit der wehrlosen und entwaffnenden Kraft der Liebe.

Brüder und Schwestern, Gott erstaunt unseren Verstand und unser Herz. Lassen wir uns von diesem Staunen durchdringen, blicken wir auf den Gekreuzigten und sagen auch wir: »Du bist wahrhaftig der Sohn Gottes. Du bist mein Gott.«

Wenn sich Rastlosigkeit und Unsicherheit Bahn brechen

Wir müssen auf dem Weg der Träume ausharren. Deshalb müssen wir uns vor einer Versuchung hüten, die uns oft böse Streiche spielt: der Rastlosigkeit. Sie kann zu einer schlimmen Feindin werden, weil sie uns kapitulieren lässt, wenn wir feststellen, dass die Resultate auf sich warten lassen. Die schönsten Träume verwirklicht man mit Hoffnung, Geduld und Engagement – und ohne Hast. Gleichzeitig dürfen wir uns auch nicht von Unsicherheit blockieren lassen, wir dürfen keine Angst davor haben, etwas zu riskieren und Fehler zu machen. Wir sollten eher Angst davor haben, in der Lähmung zu leben wie lebende Tote, bloße Subjekte, die nicht leben, weil sie kein Risiko eingehen wollen, weil sie ihr Engagement nicht weiterverfolgen oder weil sie Angst haben, Fehler zu machen. Auch wenn du Fehler machst, kannst du immer wieder den Kopf heben und neu anfangen, denn niemand hat das Recht, dir die Hoffnung zu nehmen.

Wo die Freude entsteht

»Hochpreist meine Seele den Herrn« (Lk 1,46). Wir sind es gewohnt, diese Worte zu hören, und achten vielleicht gar nicht mehr auf ihre Bedeutung. *Magnificare* bedeutet, wörtlich übersetzt, »groß machen«, vergrößern. Maria »vergrößert den Herrn«: nicht die Probleme, an denen es ihr in diesem Moment ganz sicher nicht mangelt, sondern den Herrn. Wie oft lassen wir uns dagegen von den Schwierigkeiten überwältigen und von unseren Ängsten absorbieren! Die Muttergottes nicht, weil *Gott in ihrem Leben die wichtigste Größe* ist. Daraus entsteht das *Magnificat*, daraus entsteht die Freude: nicht aus der Abwesenheit von Problemen, die früher oder später kommen werden, sondern aus der Gegenwart Gottes, der uns hilft, der uns nahe ist. Denn Gott ist groß. Und vor allem: Gott sieht die Kleinen. Er hat eine Schwäche für uns: Gott sieht und liebt die Kleinen.

Den Sinn für die Erwartung wiederentdecken

Wer die Gegenwart verabsolutiert, verliert den Sinn für die Erwartung, die so schön und so notwendig ist und uns aus den Widersprüchen des Augenblicks herausholt. Diese Haltung – dieser verlorengegangene Sinn für die Erwartung – verstellt uns jedweden Blick auf das Jenseits: Wir verhalten uns in allem so, als müssten wir nie ins andere Leben aufbrechen. Und dann kümmern wir uns nur noch darum, zu besitzen, aufzufallen, uns zu etablieren ... Immer und immer mehr. Wenn wir uns von dem leiten lassen, was uns am attraktivsten erscheint, was uns gefällt, von der Verfolgung unserer Interessen, dann wird unser Leben unfruchtbar; dann sammeln wir keinen Ölvorrat für unsere Lampe und sie wird verlöschen, ehe wir dem Herrn begegnen. Wir müssen im Heute leben, aber in einem Heute, das sich auf das Morgen, auf jene Begegnung hin öffnet, einem Heute, das voller Hoffnung ist.

Zuallererst: Träumt!

Ein lateinamerikanischer Schriftsteller hat einmal gesagt, dass wir Menschen zwei Augen haben, ein leibliches und ein gläsernes. Mit dem leiblichen Auge sehen wir, was wir anschauen, und mit dem gläsernen Auge sehen wir, was wir träumen. Schön, nicht wahr?

Die Objektivität des Lebens muss durch die Fähigkeit des Träumens ergänzt werden. Ein junger Mensch, der nicht zu träumen vermag, ist in sich selbst eingesperrt, in sich selbst verschlossen. Alle träumen von Dingen, die niemals wahrwerden ... Träume dennoch davon, wünsche sie dir, suche nach Horizonten, öffne dich, öffne dich für große Dinge. In Argentinien sagen wir, *no te arrugues*, knüll dich nicht zusammen, sondern öffne dich. Öffne dich und träume. Träume, dass die Welt durch dich anders werden kann. Träume, dass du, wenn du dein Bestes gibst, dazu beitragen wirst, dass diese Welt anders wird. Träumt! Hin und wieder kann es vorkommen, dass ihr euch hinreißen lasst und zu viel träumt und dass das Leben euch den Weg abschneidet. Das spielt keine Rolle, träumt dennoch. Und erzählt von euren Träumen. Erzählt, sprecht von den großen Dingen, die ihr euch wünscht, denn je besser ihr träumen könnt, desto weiter werdet ihr am Ende gekommen sein, auch wenn das Leben euch auf halber Strecke stehenlässt. Doch zuallererst: Träumt!

XIV.

Das Wunder enthüllen, das in dir ist

---

1. Triff endgültige und grundlegende Entscheidungen!

Auf die Treue des Herrn zu vertrauen ist eine Entscheidung, zu der auch wir in unserem christlichen Leben Gelegenheit haben ... Eine große, eine schwere Entscheidung. Das wird uns bewusst, wenn wir das Leben der Märtyrer kennenlernen, wenn wir in den Zeitungen über die heutigen Christenverfolgungen lesen. Denken wir an die Brüder und Schwestern, die sich in einer Grenzsituation befinden und diese Entscheidung treffen. Sie leben in der heutigen Zeit. Sie sind ein Vorbild für uns.

2. Erfülle jeden Moment mit Liebe!

Während du kämpfst, um deine Träume zu verwirklichen, lebe voll und ganz im Heute, gib alles und erfülle jeden Moment mit Liebe. Denn es stimmt, dass dieser Tag deines Lebens der letzte sein kann, und dann ist es der Mühe wert, ihn mit aller Sehnsucht und aller Tiefe zu leben, die du aufbringen kannst.

3. Nimm keinen Anstoß an Jesus, der vorübergeht!

»Du bist einer von uns« – das zu Jesus zu sagen, ist ein schönes Gebet! Und weil er einer von uns ist, versteht er uns, begleitet uns, vergibt uns und liebt uns so sehr. Es wäre tatsächlich bequemer, einen abstrakten, distanzierten Gott zu haben, der sich nicht einmischt und einen Glauben akzeptiert, der weit vom Leben, von den Problemen und von der Gesellschaft entfernt ist. Wir würden auch gerne an einen Gott der »Spezialeffekte« glauben, der nur außergewöhnliche Dinge tut und immer große Gefühle hervorruft. Doch Gott, liebe Brüder und Schwestern, ist Mensch geworden: Gott ist demütig, Gott ist zärtlich, Gott ist verborgen, er sucht unsere Nähe und wohnt in der Normalität unseres Alltagslebens. Und dann geht es uns wie den Menschen in der Stadt, in der Jesus aufgewachsen ist: Wir laufen Gefahr, ihn nicht zu erkennen, wenn er vorübergeht. Ich komme wieder auf diesen schönen Satz des heiligen Augustinus zurück: »Ich habe Angst vor Gott, vor dem Herrn, wenn er vorübergeht.« Aber warum hast du Angst, Augustinus? »Ich habe Angst, ihn nicht zu erkennen. Ich habe Angst vor dem Herrn, wenn er vorübergeht. *Timeo Dominum transeuntem*«. Wir erkennen ihn nicht, wir nehmen Anstoß an ihm. Fragen wir uns, wie es in dieser Hinsicht in unserem Herzen aussieht.

4. Hab keine Angst vor Gott!

Es kann sein, dass wir auf den Ruf des Herrn – der uns auf tausenderlei Arten, auch durch andere Menschen, durch freudige oder traurige Ereignisse erreichen kann – mit Ablehnung reagieren, weil wir meinen, dass er unseren Ambitionen im Wege steht. Und auch mit Angst, weil er uns allzu anspruchsvoll und unbequem erscheint: »Oh nein, das schaffe ich nicht, lieber nicht, lieber ein ruhigeres Leben … Gott dort, ich hier.« Doch der Ruf Gottes ist Liebe, wir müssen versuchen, die Liebe zu entdecken, die sich hinter jedem Ruf verbirgt und auf die wir nur mit Liebe antworten können. Das ist die Sprache: Die Antwort auf einen Ruf, der aus der Liebe kommt, ist nur die Liebe. Am Anfang steht eine, nein, *die* Begegnung mit Jesus, der uns vom Vater erzählt und uns seine Liebe erfahren lässt. Und dann kommt auch in uns der spontane Wunsch auf, den Menschen, die wir lieben, davon zu erzählen: »Ich habe die Liebe gefunden«, »Ich habe den Messias gefunden«, »Ich habe Gott gefunden«, »Ich habe Jesus gefunden«, »Ich habe den Sinn meines Lebens gefunden«. Mit einem Wort: »Ich habe Gott gefunden!«

5. Geh ein Risiko ein, aber geh!

Das habe ich schon so oft gesagt: Geh ein Risiko ein! Riskier etwas. Wer nichts riskiert, ist nicht in Bewegung. »Aber wenn ich etwas falschmache?« Gepriesen sei der Herr! Du wirst mehr falschmachen, wenn du stehenbleibst: Das ist der Fehler, der schlimme Fehler, der Stillstand. Geh ein Risiko ein. Riskier etwas für vornehme Ideale, geh das Risiko ein, dir die Hände schmutzig zu machen, riskier etwas wie der Samariter aus dem Gleichnis. Wenn wir ein mehr oder weniger ruhiges Leben führen, sind wir immer der Versuchung des Stillstands ausgesetzt. Der Versuchung, nichts zu riskieren, ruhig und unbehelligt zu bleiben ... Geh auf die Probleme zu, geh aus dir heraus und geh ein Risiko ein, geh ein Risiko ein. Sonst wird dein Leben ganz allmählich von einer Lähmung befallen werden: glücklich, zufrieden, mit der Familie, aber unbeweglich, *geparkt.* Solche geparkten Leben sind ein sehr trauriger Anblick; Menschen, die eher Mumien aus dem Museum als lebendigen Wesen ähneln, sind ein sehr trauriger Anblick. Geh ein Risiko ein! Riskier etwas! Und wenn du etwas falschmachst, gepriesen sei der Herr. Vorwärts!

6. Hab den Mut, immer wieder aufzustehen!

Ich habe ein Mädchen sagen hören: »Mir fällt auf, dass in meinem Freundeskreis der Wille verlorengegangen ist, etwas zu wagen, und der Mut, wiederaufzustehen.« Depressionen sind leider auch unter jungen Menschen weit verbreitet; das geht in einigen Fällen so weit, dass die Betroffenen versucht sind, sich das Leben zu nehmen. Wie oft verfallen wir in Apathie oder versinken im Abgrund unserer Ängste und Gewissensnöte! Wie viele junge Menschen weinen, ohne dass irgendjemand ihre Seelen schreien hört! Viele Blicke um sie herum sind zerstreut oder gleichgültig – die Blicke derer, die ihre eigene *Happy Hour* genießen und auf Distanz bleiben.

7. Mach Lärm mit dem Schönen, Guten und Wahren!

Ich wollte euch Folgendes sagen: Traut euch, geht vorwärts, macht Lärm. Wo junge Menschen sind, muss Lärm sein. Später läuft alles in geregelten Bahnen, aber ein junger Mensch muss darauf aus sein, Lärm zu machen. Geht vorwärts! Es wird in eurem Leben immer Menschen geben, die euch mit ihren Vorschlägen ausbremsen und euch Steine in den Weg legen wollen. Schwimmt bitte gegen den Strom. Seid mutig, mutig: Schwimmt gegen den Strom! Und wenn sie euch sagen: »Trink doch ein bisschen Alkohol, nimm doch ein bisschen Drogen«, dann sagt nein! Schwimmt gegen den Strom dieser Zivilisation, die uns solchen Schaden zufügt. Habt ihr das verstanden? Schwimmt gegen den Strom; und das bedeutet, Lärm zu machen, vorwärtszugehen, aber mit den Werten des Schönen, Guten und Wahren.

8. Organisiert euren Lärm!

Neulich hat ein Priester im Scherz zu mir gesagt: »Ja, machen Sie ruhig so weiter und sagen Sie den Jugendlichen, dass Sie Lärm schlagen sollen, machen Sie ruhig so weiter ... Aber am Ende sind wir es, die den Lärm der Jugendlichen managen müssen!« Macht Lärm, aber helft den anderen auch, den Lärm, den ihr macht, zu managen und zu organisieren. Schlagt Lärm und organisiert ihn gut! Einen Lärm, der uns ein freies Herz gibt, einen Lärm, der uns Solidarität gibt, einen Lärm, der uns Hoffnung gibt, einen Lärm, der daraus resultiert, dass wir Jesus kennengelernt haben und wissen, dass Gott, den ich kennengelernt habe, meine Stärke ist. Das ist die Art Lärm, zu der ich euch aufrufe.

9. Hör auf, dich nach der Knechtschaft zurückzusehnen!

Wir neigen auf unserem existentiellen Weg immer dazu, uns gegen die Befreiung zu sträuben; wir haben Angst vor der Freiheit und ziehen paradoxerweise mehr oder weniger bewusst die Knechtschaft vor. Die Freiheit macht uns Angst, weil sie uns mit der Zeit und mit unserer Verantwortung konfrontiert, sie gut zu leben. Die Knechtschaft hingegen reduziert die Zeit auf den *Augenblick*, sodass wir uns sicherer fühlen, das heißt, sie lässt uns Momente erleben, die von ihrer Vergangenheit und von unserer Zukunft abgekoppelt sind. Mit anderen Worten, die Knechtschaft hindert uns daran, die Gegenwart voll und ganz und wirklich zu erleben, weil sie sie von der Vergangenheit leert und gegenüber der Zukunft, gegenüber der

Ewigkeit verschließt. Die Knechtschaft macht uns glauben, wir könnten nicht träumen, nicht fliegen, nicht hoffen.

Ein großer italienischer Künstler hat gesagt, es sei für den Herrn leichter gewesen, die Israeliten aus Ägypten herauszuholen als Ägypten aus dem Herz der Israeliten herauszuholen. Sie waren zwar in *materieller* Hinsicht von der Knechtschaft befreit worden, doch die verschiedenen Schwierigkeiten auf ihrem Marsch durch die Wüste und der Hunger, den sie litten, ließen sie voller Sehnsucht an Ägypten, an »die Zwiebeln und den Knoblauch«[31] zurückdenken, die sie dort zu essen bekommen hatten (vgl. Num 11,5); und darüber vergaßen sie, dass sie diese Speisen am Tisch der Knechtschaft gegessen hatten. In unserem Herzen nistet die Sehnsucht nach der Knechtschaft, weil sie scheinbar beruhigender ist als die so viel riskantere Freiheit. Wie gerne lassen wir uns in einen Käfig sperren und schauen dem Feuerwerk zu, das schön zu sein scheint, aber doch nur wenige Augenblicke dauert! Und das ist die Herrschaft, das ist die Faszination des Augenblicks!

10. Setz auf das Beste im Leben!

Seht dem Leben nicht vom Balkon aus zu!

Verwechselt das Glück nicht mit einer Couch, und verbringt nicht euer ganzes Leben vor einem Bildschirm!

Begnügt euch auch nicht damit, das traurige Bild eines verlassenen Fahrzeugs abzugeben!

Seid keine geparkten Autos, lasst vielmehr eure Träume aufblühen und trefft Entscheidungen!

Geht Risiken ein, auch wenn ihr etwas falschmacht!

Vegetiert nicht mit narkotisierter Seele dahin, und betrachtet die Welt nicht, als ob ihr Touristen wärt!

Schlagt Lärm!
Vertreibt die Ängste, die euch lähmen, und werdet nicht zu
Mumien!
Lebt!
Setzt auf das Beste im Leben!
Öffnet die Türen eures Käfigs und fliegt hinaus!
Setzt euch bitte nicht vor der Zeit zur Ruhe!

Quellen

Einleitung: Du bist ein Wunder: Homilie, 24. Dezember 2020.

15 Regeln für ein gutes Leben: Generalaudienz, 20. September 2017.

I. Wir alle sind kostbar
Du bist wichtig: Christus vivit, 115–116.
Niemand wird von der Freude ausgeschlossen: Evangelii gaudium, 2–3.
Eine große Wette: An eine Jugendpilgergruppe aus der Diözese Piacenza-Bobbio, 28. August 2013.
Auch meine Schwächen haben einen Sinn: Angelus, 6. Juni 2021.
Dein kostbarer Auftrag: Gaudete et exsultate, 24.
Gott liebt zuerst: Apostolische Reise nach Sri Lanka und auf die Philippinen, Begegnung mit Jugendlichen in Manila, 18. Januar 2015.
Es gibt Gutes (auch dort, wo wir das Böse sehen): Angelus, 19. Juli 2020.
Gott vergibt uns mit einer Liebkosung: Tagesmeditation in Santa Marta, 7. April 2014.
Strebe nach Höherem!: Gaudete et exsultate, 32.34.
Wenn du willst, kannst du mich heilen!: Angelus, 16. August 2020.
Unruhe ist ein Samenkorn: Gespräch mit Jugendlichen aus Belgien, 31. März 2014.
Gott hat Geduld mit dir: Meditation in Assisi, 4. August 2016.
Niemand sonst kann der Welt geben, was du ihr geben kannst: Ansprache, 3. August 2019.

II. Das Beste am Leben
Die wichtigste Lektion: Apostolische Reise nach Sri Lanka und auf die Philippinen, Begegnung mit Jugendlichen in Manila, 18. Januar 2015.
Die Harmonie der Weisheit: Ansprache, 3. September 2020.
Mehr als das süße Leben: Ansprache, 3. September 2020.
Der Wert der kleinen Dinge: Laudato si', 222.
Am Ende gibt es nur einen Reichtum: die Liebe: Homilie, 15. November 2020.
Umherirren ist nicht reisen: Ansprache, 2. Dezember 2017.
Sei Herr deiner selbst!: Tagesmeditation in Santa Marta, 28. Februar 2019.

Zukunft gibt es nur gemeinsam: Homilie, 19. April 2020.
Lass dich lieben!: Christus vivit, 115.117.
Treibsand: Angelus, 6. Dezember 2020.
Der Aktionsplan des Christen: Begegnung mit den Jugendlichen auf dem Weltjugendtag in Rio de Janeiro, 25. Juli 2013.
Hüte den Glauben!: Homilie, 16. Mai 2021.
Werde ein Stern und verbreite das Licht Christi!: Angelus, 6. Januar 2021.
Ein trauriger Glaube? Besser nicht!: Angelus, 13. Dezember 2020.
Keine Angst, wahrhaftig zu sein: Generalaudienz, 25. August 2021.
Gott ist Brot, keine Beilage: Angelus, 8. August 2021.
Hüte dich vor der Versuchung, nur an dich selbst zu denken!: Homilie, 20. Oktober 2020.

VIII. Sieh nicht vom Balkon aus zu!
Wenn du Gott auf der Couch suchst oder im Spiegel … wirst du ihn niemals finden: Ansprache, 15. September 2018.
Digitale Räume und reales Leben: Christus vivit, 90.
Invasion in die Privatsphäre: Fratelli tutti, 42.
Online kann man keine Brücken bauen: Fratelli tutti, 43.
»Likes« und »Dislikes« sind nicht alles: Fratelli tutti, 47–50.
Bereit, uns nicht nur im Netz zu treffen: Fratelli tutti, 50.
Was Roboter nicht können: Ansprache, 3. September 2020.
Ein großer Schritt für die Menschheit: Angelus, 15. August 2020.
Sei keine Kopie: Werde du selbst!: Christus vivit, 104–107.

IX. Mach dir die Hände schmutzig!
Stellt euch euren Ängsten!: Botschaft zum Weltjugendtag 2018.
Kleine Schritte, um besser zu werden: Generalaudienz, 19. November 2014.
Wem willst du ähnlich sein?: Angelus, 5. Juli 2020.
Nur die Liebe macht das Leben gesund: Angelus, 27. Juni 2021.
Gott engagiert sich für dich – und was machst du?: Jubiläumsaudienz, 20. Februar 2016.
Seid heilig, wo immer ihr lebt!: Gaudete et exsultate, 14.
Ein frommer Spruch ist nicht genug: Homilie, 30. Mai 2013.
Leben heißt nicht überlackieren: Ansprache, 15. September 2018.
Ein guter Christ: Generalaudienz, 30. November 2016.
Uns gegen die Traurigkeit wappnen: Homilie, 14. Juni 2020.
Keine trügerische Liebe!: Regina Coeli, 9. Mai 2021.
Stürzt euch ins Leben!: Ansprache, 27. Juli 2013.

X. Nie wieder allein
Der Dialog hält die Welt zusammen: Fratelli tutti, 198.
Eine vernetzte Welt … in der wir uns immer weiter voneinander entfernen: Ansprache, 15. September 2018.

Von Marta und Maria lernen: Angelus, 21. Juli 2013.

Meditation ist ein Atemholen im Leben: Generalaudienz, 28. April 2021.

Eine Aufmerksamkeit, die wir nicht verlieren dürfen: Gaudete et exsultate, 26.

Das Gebet ist kein Spaziergang: Generalaudienz, 12. Mai 2021.

Wer betet, trägt die Welt: Generalaudienz, 16. Dezember 2020.

Der Kampf des heiligen Antonius: Generalaudienz, 12. Mai 2021.

Wenn wir beten, schaffen wir Raum: Generalaudienz, 7. Mai 2014.

Lernen, was wir zum Herrn sagen sollen: Tagesmeditation in Santa Marta, 1. Juli 2013.

Um eine Gnade bitten heißt kämpfen: Generalaudienz, 12. Mai 2021.

Beharrlichkeit statt Ekstase: Generalaudienz, 19. Mai 2021.

Wir sind ein Windhauch – aber einer, der beten kann: Generalaudienz, 10. Februar 2021.

Die Mutter aller Gleichnisse: Angelus, 12. Juli 2020.

Der schönste Tag ist heute: Generalaudienz, 10. Februar 2021.

XIII. Hör nicht auf zu träumen

Besser Don Quijote als Sancho Panza: Ansprache, 15. September 2018.

Wir sind nicht für Kleinigkeiten auserwählt: Homilie, 28. April 2013.

Erneuere dein Feuer in jedem Alter!: Christus vivit, 160–161.

Wenn alte Menschen nicht träumen …: Christus vivit, 193.

Keine Treue ohne Risiko: Homilie am Welttag der Armen, 15. November 2020.

Lass dein Leben nicht wie im Flug vergehen!: Angelus, 24. Januar 2021.

Staunen ist wichtig: Homilie, 28. März 2021.

Wenn sich Rastlosigkeit und Unsicherheit Bahn brechen: Christus vivit, 142.

Wo die Freude entsteht: Angelus, 15. August 2020.

Den Sinn für die Erwartung wiederentdecken: Angelus, 8. November 2020.

Zuallererst: Träumt!: Ansprache, 20. September 2015.

XIV. Das Wunder enthüllen, das in dir ist

Triff endgültige und grundlegende Entscheidungen!: Tagesmeditation in Santa Marta, 25. November 2013.

Erfülle jeden Moment mit Liebe!: Christus vivit, 148.

Nimm keinen Anstoß an Jesus, der vorübergeht!: Angelus, 4. Juli 2021.

Hab keine Angst vor Gott!: Angelus, 17. Januar 2021.

Geh ein Risiko ein, aber geh!: Ansprache, 18. Juni 2016.

Hab den Mut, immer wieder aufzustehen!: Botschaft zum Weltjugendtag 2020.

Mach Lärm mit dem Schönen, Guten und Wahren!: Grußwort an eine Jugendpilgergruppe, 28. August 2013.

Organisiert euren Lärm!: Ansprache, 25. Juli 2013.

Hör auf, dich nach der Knechtschaft zurückzusehnen!: Homilie, 31. Dezember 2014.

Setz auf das Beste im Leben!: Christus vivit, 143.

Anmerkungen
der Übersetzerin

1 Who has not found the Heaven below
   Will fail of it above.
   God's residence is next to mine,
   His furniture is love.
   [Übers. v. G. Stein]

   Die hier zitierten Zeilen stammen aus der »geglätteten« posthumen Erstausgabe der Dickinson-Gedichte (Band 3, 1896); die von Emily Dickinson intendierte Fassung, die auch in die Standardwerkausgabe von Thomas H. Johnson Aufnahme gefunden hat (Cambridge, Mass., 1955, Nr. 1544), lautet im Original: »Who has not found the Heaven – below – / Will fail of it above – / For Angels rent the House next our's, / Wherever we remove –«, und in der deutschen Übersetzung von Gunhild Kübler: »Wer nicht den Himmel fand – hier unten – / Der geht auch oben fehl – / Denn Engel mieten nebenan, / Wohin wir auch verziehn –« (Emily Dickinson, Gedichte, Frankfurt a. M. 2011, S. 483).

2 Ital. *docilità* kann mit »Gelehrsamkeit« oder »Fügsamkeit« übersetzt werden. Der Kontext verlangt aber einen Gegenbegriff zu »Starre«, der zudem positiv besetzt ist.

3 Der Begriff *makrozephal* könnte medizinisch gedeutet werden; gemeint ist hier jedoch eher »verkopft«.

4 Vgl. aus Francisco Luis Bernárdez, Si para recobrar lo recobrado: »Todo lo que el árbol tiene de florido vive de lo que tiene sepultado«.

5 Gemeint ist eine Opfermentalität.

6 Der Päpstliche Wohltätigkeitsdienst (genauer: das Dikasterium für den Dienst der Nächstenliebe).

7 Vgl. Offb 21,5.

8 Ital. *facilista* wird amtlich als »leichtfertig« wiedergegeben; alternativ: simplizistisch.

9 Gemeint ist die *acedia*, die im Katechismus der Katholischen Kirche als »geistige Trägheit« bezeichnet wird.

10 *Intimismus* bezeichnet eine Strömung in der Literatur und Malerei. Franziskus erweitert das Bedeutungsspektrum des Begriffes. Vgl. dazu https://www.vatican.va/content/francesco/de/speeches/2014/july/documents/papa-francesco_20140726_clero-caserta.html (Stand: 21.11.2022).

11 Siehe dazu auch die Übersetzung von Thomas von Aquin, Summa theologiae II-IIae, q.27 a.2 aus der Bibliothek der Kirchenväter: https://bkv.unifr.ch/de/works/sth/versions/summe-der-theologie/divisions/1893 (Stand 21.11.2022).

12 Vgl. Mk 4,38.

13 Franziskus sprach diese Worte in der dramatischsten Phase des ersten Lockdowns.

14 Vgl. Dtn 4,7.

15 Hervorhebungen d. Übers.

16 Tagebuch der Schwester Maria Faustyna Kowalska, Hauteville/Schweiz 1990, S. 383 f.

17 A. a. O., S. 428.

18 Hervorhebung d. Übers.

19 Die Übersetzung folgt hier der span. Version. Italienisch hieße es: »aussehen, als würden sie eine Totenwache halten«.

20 Span. *farsa* ist an dieser Stelle treffender als ital. *finzione*, Täuschung.

21 Hervorhebung d. Übers.

22 Die ital. Buchfassung lautet abweichend: »Der Herr darf auch nicht vor dem Spiegel gesucht werden; wenn ihr allein dort steht, lauft ihr Gefahr, von dem, was ihr seid, enttäuscht zu werden. Wenn ihr allein vor dem Spiegel steht und sagt: ›Wer bin ich denn eigentlich? Was tue ich? Ich weiß nicht, was ich tun soll …‹, dann kann es sein, *dass ihr diese Bitterkeit erfahrt, die ihr zuweilen fühlt,* und die in die Traurigkeit führt.« Sie wurde in Anlehnung an das Original verschlankt.

23 Wörtlich übersetzt: »Sollen andere weiter für ihre Machtspielchen an die Politik oder die Wirtschaft denken.«

24 Franziskus von Assisi, Nicht-bullierte Regel, in: Franziskus-Quellen. Die Schriften des heiligen Franziskus, Lebensbeschreibungen, Chroniken und Zeugnisse über ihn und seinen Orden. Im Auftrag der Provinziale der deutschsprachigen Franziskaner hg. v. D. Berg u. L. Lehmann, Kevelaer 2009, 69–93, hier 82.

25 Eligius Leclerc, Franziskus und der Vater im Himmel, Werl/Westf. 1981, S. 140.

26 Vgl. Katechismus der Katholischen Kirche 2418.

27 Ignatius von Loyola, Geistliche Übungen, übertr. v. A. Haas, 10. Aufl., Freiburg i. Br. 1991, 25 f.

28 Die Übersetzung von »Questo non significa perdere la spontaneità, la freschezza, l'entusiasmo, la tenerezza. Perché diventare adulti non significa abbandonare i migliori valori di questa fase della vita« wurde dem Kontext leicht angepasst.

29 Siehe Pascal, Pensées 347/200 (Brunschvicg/Lafuma), zitiert nach: Blaise Pascal, Über die Religion und über einige andere Gegenstände (Pensées), übertr. u. hg. v. Ewald Wasmuth, 8. Aufl. (Neudruck der fünften, vollständig neu bearbeiteten und textlich erweiterten Auflage von 1954), Heidelberg 1978, S. 167.

30 Die Übersetzung von span. *acotar* eignet sich besser als ital. *trascurare*, vernachlässigen.

31 Der Bezug auf »die Fleischtöpfe Ägyptens« liegt nahe.

Was haben Tugenden
mit Muskeln zu tun?

192 Seiten | Gebunden
mit Schutzumschlag
ISBN 978-3-451-39214-6

In diesem gemeinsam mit Marco Pozza verfassten Buch beschreibt
Papst Franziskus, wie er sich selbst von den klassischen Leitbil-
dern für ein gelungenes Leben motivieren lässt – den Tugenden.
Für Franziskus sind das keine verstaubten Theorien von Gelehrten,
sondern gelebtes Leben. Und ebenso spricht er über seine eigenen
Laster und davon, wie man damit umgehen kann und sie sogar
unseren Alltag bereichern. So entwirft Franziskus eine echt christliche Lebenskunst, die Menschen träumen, wachsen und in vollen
Zügen leben lässt.

In jeder Buchhandlung!

HERDER
www.herder.de